세대간 장벽을 허무는

와르르 아재개그

와르

르

세대간 장벽을 허무는

아재
AZEGAG

개그

닮은 고양이를
다른말로
하면?

비스켓

조선의 임금들이
싫어한
스포츠는?

역도

즐겁고 유쾌한 하루를 시작할 수 있는

365편의 유머

지식공감

　유머를 직접 만든 동기는 둘째 딸이 고3이 되자 스트레스가 너무 심해서 학교를 휴학했기 때문이다. 자기 방에 박혀서 잠이 들거나 멍하게 혼자 있는 딸을 쳐다보기가 힘들고 괴로웠다. 특별히 집 가까이에 있는 학교에서 쉬는 시간을 알리는 종소리가 들리고 아이들이 운동장에 쏟아져 나와 뛰어다니는 모습을 볼 때마다 가슴이 미어졌다.

　슬퍼하는 둘째를 도울 방법은 없을까? "그래, 유머를 들려주자 바로 그거야!"라는 아이디어가 떠올랐다. 그래서 인터넷을 뒤져서 유머를 찾아 들려주었다.

　붉은 길에 동전 하나가 떨어져 있다. 그 동전의 이름은? 홍길동전. 사람의 몸무게가 가장 많이 나갈 때는? 철들 때.

　그러나 이러한 유머는 둘째가 인터넷을 통하여 이미 다 알고 있기에 별로 소용이 없었다. 그럼 내가 직접 만들 수밖에 없어 직접 하루에 하나씩 만들었다. 처음에는 전혀 웃기지 않았다. 그래서 좀 더 쉬운 신속담을 시도했다. "호랑이가 죽으면 가죽을 남기고를 사람이 죽으면 이름을 남기고"를 "멍멍이가 죽으면 뼈다귀를 남기고 치킨이 죽으면 쿠폰을 남기고"로 바꾸어 들려주니 약간 미소를 지었다.

　용기를 얻어서 유머사이트에 올려서 반응을 보고 들려주니 훨씬 효과적이었다. 이렇게 올린 글이 어느새 300개를 넘어서게 되었고 유머는 어느덧 나의 일상이 되었고 페이스북을 통하여 친구들에 웃음을 선사하는 기회를 가지게 되었다. 그리고 둘째는 서서히 회복되었다. 유머 덕에 고3을 잘 넘겨 대학에 입학했으며 디자인을 전공한 딸은 이번에 과수석졸업을 했다.

　이 문제는 나의 딸 한 사람에게 국한된 문제가 아닌 거의 모든 사람들이 겪고 있는 아픔이었다는 사실을 발견하게 되었다. 현대는 복잡한 인간관계로 인하여 삶이 고단하고 극도의 스트레스로 인하여 정신건강을 위협받고 있다.

　첫 번째는 가정에서 대화 부족으로 인한 세대간의 갈등이다. 아이들과 함께 영화관에 갔는데 가족끼리 같이 온 사람들은 우리 가족밖에 없었다. 모두들 젊은 커플이나 같은 또래 학생들이었다. 분명히 가족끼리 볼 수 있는 영화였는데도 10대나 20대가 부모님과 같이 온 경우는 거의 없었다. 이것은 영화관뿐만이 아니었다. 커피숍, 식당, 서점, 축구 야구 경기장 할 것 없이 모두 같은 나이 또래 사람들이 모여 있었다. 물론 외국도 항상 부모와 같이 있는 것이 아니고 독립을 해야 하기 때문에 당연히 따로 살고 있다.

그러나 그들은 시간을 내어서 규칙적으로 만나고 서로간의 친구처럼 깊은 대화를 나누는 경우를 많이 보아왔는데 한국에 와서는 드라마나 영화를 봐도 아버지와 아들의 대화는 거의 인사 수준에 그치고 말았다. 내 친구들을 만나서 물어봐도 자기 아들과 제대로 대화다운 대화를 해본 친구가 하나도 없었다.

문제는 먼저 나와 같은 부모세대에 있다. 소통이 무엇인지 잘 모르고 무조건적으로 자신의 생각이 항상 옳고 젊은이들은 아직 세상 경험이 없기 때문에 아는 게 뭐가 있겠나 하고 늘 독선적이고 독재적인 자세로 대화에 임하기 쉽다. 다만 우리 역시 우리의 부모로부터 더 심한 대화의 장벽과 또 다른 마음에 상처를 받았기 때문이다. 그래서 자식에게는 잘해야지 하지만 어떻게 해야 할지 어디서 시작해야 할지 배운 적도 없고 내 실력으로 대화하자고 불러놓으면 1분도 안 되어서 서로 대화가 막혀 나가버리는 아들을 보고 가슴에 피멍이 든다.

이 책에 나오는 아재개그 중에 자녀들이 좋아할 유머를 뽑아서 대화를 유머로 시작해 보라 그러면 분위기가 달라질 것이다. 예를 들어서 김태희가 싫어하는 여자는? 이란 질문 유머를 던지면 우리 아빠가 김태희를 알고 정지훈까지 알다니 하면서 놀라운 반응을 보일 것이다.

그러면 과연 자녀세대는 소통에 문제가 없는가가 궁금했다. 물론 처음에 〈다음 유머 사이트〉에 가입할 때는 그저 유머를 좋아하고 나이제한이 없기 때문에 가입해서 서로의 생각을 나눠보자고 글을 올렸다. 그러나 반응은 냉소적이고 공격적이고 파당적인 언어로, 한마디로 늙은이는 산악회나 가서 놀라는 투였다.

세계만민 공통 소통 도구인 유머마저도 젊은이들은 나의 유머를 배척하고 거부하고 심지어 심한 욕설까지 해가면서 글을 올리지 말라고

세대간 장벽을 허무는 **와르르 아재개그**

협박까지 받게 되었다. 내가 걱정스러웠던 것은 과연 유머가 오고 가는 자리에서 부모님들이 즐기는 유머에 전혀 관심이 없어 밀어낸다면 어떻게 부모님과 소통을 할 수 있을지 우려스러웠다.

노인의 흰머리 한 가락 속에는 우리가 경험하지 못한 신비한 경험과 지혜가 있음을 알고 나이 드신 분의 말씀에 관심을 가져주시기 바란다. 만약 세대간의 대화하는 법과 소통의 장이 열리지 않으면 우리들도 꼭 같이 다음 세대에 그런 대접을 받게 될 것은 불 보듯 뻔한 이치이다. 나는 이 책을 통해서 여러분들의 사고와 가슴이 좀 더 넓어지고 이 유머를 통해서 부모님과 좋은 소통이 있기를 바라는 마음에서 이 책을 쓰게 되었다.

부모님과 소통의 첫걸음은 부모님의 입장에 서 보는 것이다. 그러면 부모님께서 좋아하시는 유머의 산실인 산악회도 가보기 바란다. 그리고 이 책에 나온 유머를 부모님 앞에 한번 써 먹어보라. 그렇게 시작하는 것이다. 또한, 여러분이 좋아하는 동영상도 부모님이 좋아하시겠다는 느낌이 드는 것은 따로 모았다가 한번 보여 주라. 유머는 만국 공통

어에다가 세대를 초월할 수 있다. 여러분들이 부모님과의 세대간의 차이를 극복한 만큼 다음 세대인 여러분의 자녀와 대화가 열린다는 사실을 기억해야 할 것이다.

결코, 인생의 연륜을 무시하지 말고 부모님과 깊은 대화를 나누려고 노력하기를 부탁한다. 다르다고 말이 안 통한다고 마음의 문을 닫기 시작하면 어렵다. 나의 아버지는 이 땅에 계시지 않는다. 그러기에 더욱 그립다. 무뚝뚝하시고 소리만 치셨지만 이젠 많이 그립다. 여러분의 부모님도 언젠가는 여러분을 떠나실 것이다. 부디 살아계실 때 친구처럼 지낼 수 있는 부모님이 되기를 바란다. 부모님들은 여러분과 정감 있는 대화 속에 깊은 행복을 느낄 것이다. 이 책이 그런 가능성을 보여주는 길에 작은 씨앗이 되기를 바란다.

두 번째는 직장에서의 갈등이다. 나 역시 미국유학을 가기 전 4년 동안 직장생활을 한 바가 있다. 약 4년 직장 생활에서 가장 힘든 것은 업무가 아니라 바로 인간관계이다. 동료와는 극심한 승진경쟁을 해야 하

세대간 장벽을 허무는 **와르르 아재개그**

고 상사로부터 인사평가와 부하직원으로부터 리더십을 인정받아야 하는 현실 속에서 극도의 스트레스를 받았다.

특별하게 직속상관인 H과장님과는 서로 코드가 전혀 맞지 않았다. 그는 세심하고 성실한 모범생 스타일었지만 난 모험적이고 탈권위적인 성격이었다. 그러다 보니 자주 우리는 부딪히고 감정의 골은 깊어갔다. 다행스럽게 인사발령이 나서 그가 다른 부서로 옮겨가는 바람에 나는 다시 날갯짓을 할 수 있었다.

우리가 배워온 것은 경쟁과 발뺌이었다. 어떤 문제가 발생하면은 어떻게 하면은 그 업무가 나오는 상관이 없고 동료를 끌어들이는 것이 그 당시에 보편적인 태도였다. 문제는 그 동료로부터 발생하였다고 변명하고 미꾸라지처럼 빠지는 자가 회사에서 살아남고 있었다.

1998년 어느 날 난 연변과기대 졸업생들의 근황을 알기 위해서 중국 전역을 순회하다가 천진공장을 방문하고 있었다. 놀랍게도 중국 천진에 내가 한국에서 근무했던 회사의 장비가 그대로 옮겨져 있었고 그 당시에 제조과장이던 C과장님이 부장님으로 승진하여 천진공장에 근무하고 있었다. 미리 사전에 그 부서를 방문하겠다고 전화를 인사부장님에게 부탁했다. 그러나 계속 통화 중이어서 우린 직접 방문하기로 하여 C부장님이 있는 현장을 찾아갔다. 예상대로 C부장님은 전화를 하고 계셨다. 우리가 누구인지를 잘 몰랐던 그분은 계속 통화하고 계셨는데 놀랍게도 20여 전에 내가 근무했던 곳에서 많이 듣던 내용이었다. 바로 "내 책임이 아니고 당신 책임"이란 내용으로 통화하고 계셨다.

이처럼 회사는 냉혹하고 잔인한 인간관계에서 끊임없이 보호막을 만들어서 자신이 살아남기 위하여 몸부림쳐야 하는 곳이 되어버렸다. 이것은 업무 중심으로 임한 파괴적 인간관계가 낳은 결과이다.

유머를 먼저 생각하는 방식은 업무보다는 먼저 사람을 먼저 배려하고 사랑하는 것에 초점을 맞춘다. 경쟁과 발뺌보다는 상생과 배려가 앞서는 마음이 있어야 유머가 나올 수 있다. 유머는 약육강식으로 물든 정글에서 발생한 딱딱하고 어색한 분위기를 해소하는 윤활유 역할을 한다.

이 책에 기록된 365편의 유머는 매일 하루에 한편의 유머를 선정할

세대간 장벽을 허무는 **왁자그르** *아재개그*

수 있는 분량이다. 업무 시작하기 전에 오늘의 유머를 이 책에서 골라서 던진다면 회사 분위기는 바뀔 것이고 즐겁고 유쾌한 하루를 시작할 수 있음을 확신한다.

질문유머 415개 중 50개는 유머와 상관이 있는 나의 인생관을 담은 나의 수필이다. 그리고 나머지 365개는 수필 없이 단순하게 질문유머만 수록하였고 그 뒤를 이어 단편유머(1페이지짜리 유머)와 장편유머(5페이지 이상)와 신조삼모사 그리고 아재개그와 해당하는 정답을 수록하였다.

이 책을 출판되기까지 한마음으로 지원을 아끼지 않은 아내 목명순 사모와 사랑스런 두 딸 지아, 지인에게 바친다.

차/례

아재개그와

함께하는

나의 삶

이력서 쓸 때마다 등장하는
회사 이름은?

이제 이력서를 쓸 때는 학력 같은 출신배경을 적지 않는다고 하니 참 다행한 일이다. 사람의 능력을 출신배경에 의지하지 않는 것은 너무나도 당연한 일이다. 그러나 그동안 너무 학력이나 배경 위주로 뽑는 바람에 톡톡 튀는 사람이 합격할 가능성이 낮아서 창의형 인재보다는 산업형 인재가 뽑혀왔다. 창의적인 인물은 일반적으로 엄격한 제도적 교육을 싫어한다.

그래서 그들의 학교성적은 대부분 엉망이고 품행점수는 형편없다. 에디슨과 아인슈타인이 이런 인물들이었다. 21세기는 다품종 소량생산을 원하는 기업풍토 속에서 창의력은 절대적으로 필요한 힘이다.

현 성적제도 역시 상대평가에서 절대평가로 바뀌어야 한다. 상대평가에서 살아남은 인간은 비평가는 많지만, 창작활동을 하는 인재는 드물다. 상대방의 단점을 잘 찾아내는 분석가보다는 아이디어가 폭포수처럼 쏟아지는 엔지니어가 활개를 치는 회사가 살아남지, 분석만 잘하는 회사는 미래가 없다.

그래서 상대평가에서 살아남은 SKY대학 출신들의 병폐를 우린 목격했다. 치열한 경쟁에서 살아남은 S대 출신들이 청와대에서 얼마나 나라를 망치는 일에 앞장서 왔는지 우린 봐왔다. 아직도 세상이 요구하는 인재가 어떠한 사람인지 모르고 학원과 과외에 목매는 대치동 엄마들이여! 정신 좀 차리자.

의과대학의 의료진은 대부분 기억력이 뛰어난 집단이다. 빠르고 정확한 판단을 위해서는 기억력이 필요하다. 정확한 진단을 위해서는 풍부한 임상경험이 필요하고 기억력은 이런 임상경험을 끄집어내어 올바른 진단과 치료를 하기 위해서 꼭 있어야 할 필요한 능력이다. 그래서 의과대학을 수석 졸업하는 학생들은 대부분 뛰어난 기억력의 소유자라고 한다. 그러나 뛰어난 연구나 새로운 사실을 발견하는 이들은 수석 졸업자 아래 있는 학생들이라고 귀동냥으로 들은 적이 있다.

AI 기술의 발달로 기억과 단순 알고리즘에 의존해서 판단하던 시간은 지나가고 빅데이터나 딥러닝(Deep Learning)으로 학습해서 판단을 내리는 시대가 도래하고 있다. 의과대학도 돌발적인 상황에서 모험적 창의성이 있는 인재가 환영받는 날이 오고 있는 것 같다. 이 시대는 드라마 〈낭만닥터 김사부〉에서 여자 주연 배우인 윤서정과 같은 의료인을 요구하고 있는 것 같다.

의과대학이 이런 현실이라면 다른 단과대학은 어떠할까? 연구에 젊음과 인생을 바치는 이들이 대우받고 우대받는 풍토가 조성되기를 기대해 본다. 그리고 오늘도 히포크라테스의 정신으로 환자들을 위해서 밤잠을 설치고 있는 의료진에게 감사와 위로의 말을 드린다. 스스로 숭고

한 직업이라고 자부하며 한 생명을 위해서 최선을 다하는 발걸음에 복
이 임하기를 소망한다.

나이키

황해가 싫어하는 질문은?

황해는 본명이 전홍구이다. 황해는 배우이지만 노래도 잘해서 가극단에 들어간 후에 만주를 돌며 공연하다가 서울로 돌아온 후에 바로 가수 겸 배우인 백설희와 결혼한다. 여기서 둘째 아들로 태어난 이가 바로 전영록이다. 전영록의 음악성은 어머니와 아버지로부터 고스란히 이어받은 것 같다. 전영록은 몇 안 되는 작곡가 겸 가수이다.

황해는 키가 153cm인 단구이지만 액션영화에 출연해서 강한 인상을 남긴 후 300여 편 영화에 주연 혹은 조연으로 나온다. 집배원이었던 그가 적성에 맞지 않아서 백화점 점원으로 자리를 옮긴다. 역시 사람을 상대해서 먹고 사는 직업이 더 어울린다는 사실을 알게 된다. 그는 주위 사람의 이야기를 열심히 듣는 귀를 가졌다. 그리고 그의 친구들은 노래도 잘하고 흥을 돋우는데 소질이 있다고 하며 가극단에 들어가기를 권한다. 가극단에 지원한 후에 국민배우로 성장하기까지 얼마나 많은 노력을 했는지를 알 수가 있다. 자신의 운명을 고정하지 않고 밀고 나간 그가 흙수저 출신의 젊은이에게 힘과 용기를 주고 있다.

여기서 눈여겨볼 점은 바로 우체부로 그는 만족하지 못하고 결국 그만두고 백화점으로 자리를 옮긴다는 사실이다. 천부적으로 사람을 좋아하고 어울리고 기분을 좋게 하는 자질을 그대로 두고 집배원으로 평생 살았다면 그의 인생은 결코, 행복하지 않았을 것이다. 우린 황해의 인생을 통하여 주위에서 관심을 가지고 지켜본 이웃들의 따뜻한 충고 역시 각박해 가는 도시문화 속에서 결코 가볍게 넘길 수 없는 소중한 것이란 점을 발견한다. 이런 이웃을 둔 황해는 진정으로 행복한 사람이었다.

황해는 진정으로 즐기는 인생을 살았고 자신의 부족한 점을 잘 극복하고 오히려 단점이 장점이 되는 변신으로 그의 인생은 화려한 무대를 아름답게 장식한다. 그 당시 역시 연예계에 대한 인식이 지금보다 더 형편없을 적에 그 길을 가겠다고 결단한 황해의 선택이 오늘날 주목을 받고 있다.

황해도 사람이냐?

포병을 네 글자로 하면은?

나는 한때 군대에 무척 가고 싶어 했다. 그 이유는 대학 재학 중에 전공이 재미없었기 때문이다. 적성을 고려하지 않고 기계공학을 선택한 난 기계공학이 싫었다. 그러다 보니 공부에 흥미가 없고 성적도 좋지 못했다.

2학년 전공기초과목에서 방황한 난 계속해서 공부하는 것이 지옥과 같은 시간이었다. 이를 피하는 유일한 것은 군대 가는 길밖에 없었다. 그래서 빨리 군대에 가기 위해서 전투경찰에 지원했고 당당하게 합격했다. 그런데 문제는 학기 중에 입대하라는 통지서를 받은 것이다. 너무 성적이 좋아서 너무 빨리 입영통지서가 나온 것이다. 그것도 어중간하게 6월 7일에 입영하라는 통지가 왔다. 한 학기가 다 끝나가는 시점이어서 한 학기를 마치고 육군으로 가겠다고 입영 포기를 신청하려고 알아보니 불가하다고 했다. 할 수 없이 입영하는 수밖에 없었다. 그러나 소문에 논산에서 신체검사 불합격 판정을 받으면 된다는 소식을 알게 됐다. 난 학기를 마칠 수 있다는 기대를 가지고 논산을 향하였다.

그때까지만 해도 난 세상이 내가 원하는 대로 다 될 수 있다는 철부지 낙관론으로 가득 차 있었다(중학교, 고등학교, 대학입학시험에서 실패한 적이 없었기 때문). 그래서 하숙집 아주머니에게 1주일 논산에 갔다 오겠다고 얘기하고 소풍 가는 기분으로 논산에 갔다. 그래서 신체검사를 하는 군의관에게 사정을 이야기하고 학기를 마칠 수 있도록 불합격 판정을 내려 달라고 부탁을 했다.

그러나 그 군의관은 자신이 불합격 판정을 하더라도 또다시 다른 곳에 가서 정밀검사를 받아야 하기 때문에 모든 것을 포기하고 계속 훈련을 받아야 한다고 했다. 하늘이 무너져 내렸고 처음으로 세상이 자신이 원하는 대로 되지 않는다는 것을 알게 됐다.

고향에 계시는 부모님께서는 부산에서 대학을 잘 다닐 거라고 생각하고 계셨는데 어느 날 논산에서 날아온 아들의 옷이 있는 소포를 받으시고 황당해 하셨다. 그리고 옷 속에는 한 장의 편지가 들어있었는데 지금까지 자초지종이 포함된 사연이 적혀 있었고 군대에 가서 더 이상 자유의 몸이 아니라는 내용이 적혀 있었다.

고3은 인생의 방향을 결정하는 시기이다. 자신의 적성과 흥미와 관계없이 자신의 길을 결정하는 고3은 인생에서 가장 중요한 시간이다. 그럼에도 불구하고 자신의 적성과 흥미에 상관없이 직업이 결정되는 이 시기를 소홀하게 여겨 잘못 선택해서 평생 직업이 선택되는 한국의 현실이 너무 잔인했다. 본인은 결국 한국에서 전공을 바꾸지 못하고 미국 유학을 통해서 전공을 바꾸어야 하는 수고를 하게 된다.

포로생활

◇◇◇

휠체어 탄 환자가
제일 기다리는 날은?

나는 경남 고성에서 태어나서 경북 영천, 전남 영암, 광주를 거쳐서 초등학교 4학년 때 마산으로 이사를 왔다. 아버님께서 임시직 공무원을 하셨기 때문에 자주 이사를 할 수밖에 없었다. 그리고 장손인 아버님은 연로하신 할아버지의 농사 가업을 이어가시려고 고성에 계시면서 자녀교육에 남다른 열의가 있으셨다. 그래서 나를 시골학교로 전학시키지 않으시고 마산에 있는 초등학교에 전학을 시키셨다. 처음에는 8명의 식구가 있는 삼촌 댁에 누나와 함께 들어갔다. 아버지와 삼촌은 사이가 좋으셔서 자그마한 방 2개밖에 없는 집이지만 흔쾌히 조카들을 머물게 하셨다. 삼촌 집 방은 10명이 누우면 몸을 돌릴 수 없을 정도로 작았다. 다행스럽게 5학년에 올라가자 시골농사가 안정되고 정리가 되셔서 누나와 난 삼촌 댁을 나와서 자취를 하게 되었다.

5학년에 올라가자마자 담임선생님은 위대한 인물이 되려면 마산중학교를 들어가야 한다고 틈나는 대로 말씀하셨다. 마산중학교도 못 들어가면 훌륭한 사람이 될 수도 없다고 선포하셨다. 그리고 우리 반 90명

중에서 30명을 과외지도하셨다. 그리고 그 과외 시간에 가르치신 내용이 그대로 학교 시험에 나오곤 하였다.

나는 형편이 어려워서 과외를 받을 수도 없었지만, 목표와 운명은 마산중학교였다. 실패하면 인생이 끝나는 것처럼 말씀하셨다. 마산중학교가 얼마나 들어가기 힘든 중학교였는지는 그 당시 합격선을 보면 알 수 있다. 입학 커트라인이 200점 만점에 191점이었다. 즉 과목당 한 개 이상 틀리면 불합격이 되는 무자비한 시험이었다. 난 평생에 그렇게 아슬아슬한 시험을 쳐본 적이 없었다.

또한, 자취하던 누님이 공부하지 않으면 밥을 굶기는 바람에 허기진 배를 움켜쥐고 공부를 해야 했다. 지혜로우신 누님은 말 대신에 밥상으로 나를 공부하게 하셨다. 지금도 고향에서 연로하신 어머님을 돌보시고 계시는 누님께 진 빚은 평생 갚을 수 없을 것 같아서 마음이 아프다. 어쨌든 이런 물리적인 결핍을 당하지 않으려고 열심히 공부하여 꿈에도 그리던 마산중학교에 합격하여 입학할 수 있었다. 삼촌께서 정보망을 이용하여 아주 좋은 성적으로 입학하였다고 미리 합격을 귀띔해 주셨다.

입학하여보니 시골에서 전교 1~2등 하던 녀석들이 들어와서 또다시 고등학교 입학을 놓고 격돌해야 했다. 이처럼 우린 어렸을 때부터 정상을 향하여 끝없이 격돌하는 싸움터에 내몰렸다. 그러나 그 선발의 혜택을 본 우리들은 그 당시 경남지방에서 최고의 강사진으로부터 교육을 받은 특혜를 누렸고 나는 그것을 자랑스럽게 여겼다. 이것이 바로 지연이 낳은 폐해인 줄도 모르고….

입학고사 마지막 세대로 우리 이후의 세대들은 중학교를 무시험으로 입학하였다. 좀 억울하다는 생각이 들지만 선택되어 들어갔다는 자부심에 늘 마산중학교를 다닌 것을 대견스럽게 생각하였다. 그러나 미국, 중국을 떠돌며 해외생활 30년이 지난 후 돌이켜보니 마산중학교가 그리 자랑스럽지만은 않았다. 나 자신이 파킨슨병에 걸려 장애인이 되다 보니 장애인에 대한 배려가 전혀 없었던 그 학교가 오히려 부끄럽게 여겨졌다.

그 당시에 장애인은 시험을 칠 수는 있지만, 체육성적이 20점이었기 때문에 커트라인이 191점이라서 도저히 장애인들은 근본적으로 입학할 수 없도록 제도적으로 막고 있었다. 그 당시에 화제의 인물은 당연히 L이었다. 그는 소아마비로 인하여 걸음을 절뚝거리는 정도의 장애로 이동은 약간 불편했지만 크게 문제가 없는 장애인이었다. 그럼에도 불구하고 체육점수가 부족하여 마산중학교에 입학을 못하고 마산동중에 들어갔다. 마산동중은 마산중학교에 합격할 자신이 없는 학생들이 가는 학교로 이 지역에서 두 번째로 우수한 학교였다.

L이 마산동중을 졸업하고 마산고등학교에 합격할 수 있었던 것은 마산고등학교 커트라인이 200점 만점에 181~185점이었기에 체력점수에서 기본점수 5점을 받고 학과목에서 만점을 받아 마산고등학교에 겨우 합격할 수 있었다. 마산고등학교 역시 장애인을 배려하지 않았지만, 상대적으로 낮은 커트라인 때문에 L이 유일하게 합격할 수 있었다. 그는 마산고등학교 이과반에서 줄곧 수석을 하고 s대 물리과를 졸업하고 미국 유학 가서 물리학 박사학위를 받고 현재 J대 교수로 재직 중이다.

이렇게 약자와 장애인에 대한 배려가 없었던 우리나라였다는 것을 다시 한 번 되새기며 L과 같이 명문고에서 공부하고 싶었던 많은 장애인들이 역사 속에 묻혀버린 현실이 안타깝고 죄스럽다.

이제는 가진 자들이 좀 더 겸손하여 '노블레스 오블리주' 정신으로 봉사하고 섬기는 문화가 하루속히 정착되기를 간절히 바란다. 강하게 되기 위하여 기관차처럼 앞만 보고 달려온 우리 베이비붐 세대들 이제라도 약한 이웃을 돌보는 삶으로 제2의 인생을 수놓는 아름다운 여정이 되기를……….

설날

참깨를 저울로 그 무게를 달면을
네 글자로 하면은?

성경에는 공평한 추에 관한 이야기가 나온다. 추를 사용하여 무게를 달 때에 저울을 속이지 말고 장사할 것을 권하고 있다

장사라는 직업은 손님에게 필요한 물건을 적절한 이윤을 남기고 파는 행위를 말한다. 물론 필요한 사람에게 필요한 물건을 안겨주는 행위는 찾고 있는 물건이 그곳에 가면 있다는 확신을 심어주게 된다.

장사가 그저 돈을 벌기 위한 수단에 머문다면 그의 인생은 바로 돈만 버는 장사꾼에 불과하다. 진정한 사업가가 되기 위해서는 어떻게 하면 싸고 신속하게 고객이 원하는 물건을 공급할 것인가 노심초사해야 한다.

LG의 창업자 구인회 회장은 LG를 시작하기 전에 진주에서 포목상을 시작한다. 포목상이란 상인이나 일반고객들에게 원단을 제공하는 직업이었다. 원단이란 두루마리 천으로 이 천을 가지고 신랑 신부의 옷을 만들어서 제공하는 일은 일반적으로 재봉틀을 잘 다루는 재단사가 주로 했다.

이 당시에는 옷을 사서 입을 기성복이 나오지 않아서 재단사가 몸의

크기를 재어서 그 몸에 적합한 옷을 만들어서 제공하고 있었다.

구인회 포목상의 특징은 거기 가면 없는 물건이 없고 만약에 없을 시에는 반드시 약속한 날짜에 약속을 지켜 필요한 날짜에 납기를 지키는 신용을 보여줌으로써 사업가로 발돋움할 수 있는 길을 이미 닦아 두었다.

물난리가 나서 포목들이 전부 못쓰게 되는 악조건 속에 포목상을 정리한다. 그리고 부산으로 나와서 화장품과 치약 사업을 시작한다. 무슨 사업을 하든지 그의 신용과 성실이 그의 생명이 되어서 번창하면서 오늘날 거대한 LG그룹의 초석이 되었다. 그리고 독립군을 돕는 자금도 기꺼이 내놓는 애국심도 발휘한다.

참깨달음

◇◇◇

도시가 물에 잠기면은?

요즘 도시는 구도시와 신도시로 확연하게 구분된다. 꼬불꼬불한 골목길과 구멍가게, 철물점, 만물상, 재래시장으로 대표되는 구도시에는 흥정이 존재한다. 재고에 대한 효율을 따지지 않기 때문에 도로를 점령해서 물건이 즐비해 있다. 투박한 인사와 말이나 무뚝뚝한 얼굴로 대하지만 어쩐지 정감이 느껴진다. 도시면서 완전히 도시화가 안 된 옛 농촌의 티를 벗지 못한 곳이다. 구멍가게 아줌마가 내가 어디 살고 누구의 아빠인지 알 것 같은 곳이다.

이에 비하여 시원한 8차선 도로와 아파트가 즐비한 신도시는 편리함의 순서가 정해져 있다. 부동산 중계소, 세탁소, 편의점, 식당, 열쇠 수리점, 약국, 병원 모두들 하나같이 상품과 서비스를 세련되게 제공하고 있다. 모든 서비스가 완벽해 보인다. 그러나 깊이 들어가 보면 그 속에 함정이 있다.

약품명을 알고 약국에 갔다가 허탕 치고 돌아왔다. 회사 이름도 알고 약품명을 알아도 구할 수 없는 것이 약품이다. 제약회사에서 나오는 약품을 다 구비하면 창고가 10배 더 커야 한다고 약사가 고객이 찾는 약

32

을 구비하지 못하고 내뱉은 변명이다. 그러나 진실은 병원 약국 제약회사의 밀접한 커넥션 밖에 존재하는 약품은 고객이 구할 수 없다. 이런 관행이 사라지지 않는 한 고객을 위한 공평한 추는 그림의 떡일 것이다

또한, 일상에서 자주 쓰이는 것은 서비스를 받을 수 있으나 간간이 필요한 것들은 이런 신도시에서 구할 수 없는 경우가 있다. 대표적인 것이 바로 철물점이다. 철물점은 주로 열쇠 자물쇠를 판매하는 곳이었지만 자물쇠가 디지털화가 되면서 전문 열쇠상이 신도시의 중심에 자리를 잡게 되었다. 모든 것이 전문화되면서 전문화되지 못한 비즈니스는 도태된다. 그 결과 철물점이 설 자리가 없어진다. 못, 펜치, 드라이버, 망치 같은 공구와 콘센트의 모양대로 플러그의 모양을 바꾸어 주는 어댑터 같은 것이 절실하게 필요할 때가 있다. 그러나 철물점이 없어서 이런 물건을 구할 수 없으니 불편하기 그지없다. 이제는 없는 물건은 모두 택배로 구입해야 하는 시대가 되었다. 세련된 서비스는 있지만, 가슴으로 물건이 오고 가지 않는 신도시에서는 서로 안부를 물으면서 물건을 사고팔던 시절은 옛날이야기가 되고 있다. 왠지 옛날 추억의 구멍가게가 그리워진다.

도시락

◇◇◇

닮은 고양이를 다른 말로

반려동물의 숫자가 급증하고 있다. 이런 사회적 현상은 어쩔 수 없는 일이지만 배경을 뜯어보면 별로 달가운 소식은 아니다. 대가족이 함께 하던 농경사회에서는 개나 고양이 모두가 가축에 속했다. 최소한 3대가 같이 사는 집안은 2대가 같이 사는 집안과 근본적인 차이가 있다.

대전에 있는 어느 아파트에 거주한 적이 있는데 어린이들이 처음 보는 이웃인 나에게 "안녕하세요"하고 공손한 태도로 인사를 했다. 다른 동도 그런가 하고 시험 삼아 가보았지만, 그곳에서는 전혀 인사를 하지 않고 있었다. 나중에 안 사실이지만 우리 동은 유독 할머니 할아버지가 계시는 3대가 함께 사시는 집이 많았다. 그래서 아이들이 그렇게 인사를 잘하는 것이다.

자녀들이 잘 승진하고 출세하기를 원하는 엄마들은 다른 노력할 것이 아니라 노부모를 모시고 살면 저절로 해결된다. 할아버지 할머니 덕택에 인사 하나만 잘해도 상사에게 귀염받으며 그 길이 보장될 것이다. 물론 인사만 잘한다고 해서 승진이 보장되는 것은 아니지만, 그 인사 속에는 많은 것을 포함되어 있고 상사들이 좋아할 요소들을 모두 갖추고 있기 때문이다.

어른을 공경하는 마음, 상대방의 필요를 빨리 터득하는 순발력, 조직을 위하는 희생정신, 자신의 위치를 지키는 인내력 등등 이루 말로 할 수 없는 유익함이 있지만, 노부모와 함께 사는 것이 불편하다는 이유로 2대가 함께 사는 집이 주를 이루고 있다.

여기서 가장 어려운 문제가 바로 외로움이다. 성경에 의하면 인간은 원래 무리를 지어 살도록 창조되었지만, 환경이 그것을 허용하지 않아서 2대만 같이 살거나 홀로 살게 됐다 여기서 이런 외로움을 해결해 주는 쉬운 길이 바로 개나 고양이 같은 반려동물이다. 이런 반려동물을 사람 수준까지 끌어올려 지나치게 대우하고 과보호하는 현상은 또 다른 부작용을 일으킨다.

아프리카에서는 오늘도 수천 명이 굶어 죽어가고 있는데 이런 인류의 재앙에 무반응과 냉담해 하면서 애완견에게 모든 관심과 고급스러운 장식으로 꾸미거나 비싼 음식을 먹이는 일은 생각해 보아야 할 일이다.

물론 애완동물을 좋아하는 사람들이 다 그렇게 이웃과 도움을 필요로 하는 사람들에게 무관심하다는 이야기는 아니다. 나 역시 동물을 끔찍하게 좋아하고 애완동물을 키우고 싶어한다. 아내가 어렸을 때 개에게 물린 경험이 있어서 애완동물을 키우지 못하고 있다.

일반적으로 사람과 동물 모두에게 관심과 애정이 있는 가정이 건강한 가정일 가능성이 높다.

비스켓

박세리 박찬호 박지성 박태환 등
박 씨들이 판을 치는 세상

한국야구가 미국 메이저리그에 진출해서 발군의 실력으로 미국 프로 야구와 어깨를 나란히 하게 됐다. IMF로 인해서 온 국민이 시름에 잠겨 있을 때 LA다저스의 박찬호는 신들린 손으로 미국 프로야구의 거포들을 하나씩 요리해 나갔다. 스포츠를 통해서 국민들은 위로받고 자신감을 회복해서 새로운 도약을 할 수 있었다.

박세리 역시 프로 여자 골프에 도전해서 1998년 US Open에서 우승한다. 특별히 자신이 친 공이 연못 근처로 굴러가 도저히 가능성이 없는 절망적인 순간, 그녀는 신발을 벗고 연못에 들어가 공을 쳐올려 결국은 홀에 공을 집어넣어 우승컵을 들어 올린다. 이 장면은 양희은의 '상록수'를 배경음악으로 깔고 공익광고로 지상파 방송을 타고 전국 방방곡곡에 울려 퍼져 시름에 젖은 대한민국 민초(民草)들을 다시 일으켜 세우게 된다.

세계적인 스타 피구가 이끄는 포르투갈 팀을 격침시켜 집으로 돌려보내는 골을 넣은 뒤 히딩크 감독에게 달려가는 박지성. 그 장면은 언제

36

보아도 지루함이 느껴지지 않는 명장면이다. 박지성 역시 무명의 축구 선수로 있다가 히딩크 감독에게 발탁되어서 맨체스터 유나이티드(맨유) 팀에 합류한다. 이 팀은 영국 프리미어리그에서 늘 상위를 차지하는 그 야말로 세계 최고의 클럽이다. 박지성은 세계적인 선수인 호날두와 루니 같은 선수와 발을 맞추며 공격함대를 만들어 갔다. 물론 미드필더라는 포지션 때문에 직접으로 골을 넣은 개수는 상대적으로 차범근이나 손흥민 선수처럼 많지 않지만, 산소 탱크답게 그라운드를 누비며 지치지 않은 체력으로 상대방의 공격을 차단하고 공격수에게 슈팅할 수 있는 기회를 절묘하게 만들어 주었다. 이렇듯 박지성은 맨유에서 찬스메이커 역할을 한 경험을 바탕으로 대한민국 팀에서 주 공격수로 독일과 남아공 월드컵을 누볐다.

박태환은 수영의 불모지인 한국에서 태어나 올림픽 400m 자유형에서 금메달을 거머쥐면서 세계적인 스타가 됐다. 특별히 동양인이 자유형으로 금메달을 따는 것은 신체 조건상으로 불리하거나 불가능에 가깝다는 전문가들의 소견을 비웃으며 자유형 400m에서 고국에 금메달을 안겨주었다. 그러나 도핑 스캔들에 휘말리며 국민 영웅에서 물러나게 되지만 이 모든 것이 박근혜, 최순실과 관련이 있는 것으로 판명되었다. 지금은 모든 제약이 풀려서 제2의 도약을 노리고 있다.

이상은 우리나라를 대표하는 S대학의 졸업생들이 망쳐놓은 대한민국을 스포츠의 흙수저들이 오직 자신의 실력과 노력으로 세계 최고의 자리에 올라서 대한민국을 다시 일으켜 세우는 살아있는 드라마를 우린 4명의 박 씨들을 통해서 살펴보았다. 국민을 개돼지로 보는 관료들이 대부분은 SKY 대학 출신이라는 것을 명심하고 대치동이니 학원이니 하는 이런 망조로 가는 말이 사라지기를 기대해 본다.

또박또박

병원에서 젊은 사람의 피를 수혈받기를
더 좋아하는 사람이 하는 말은?

나는 전공이 전산인 관계로 인터넷을 상당히 일찍 접하게 됐다. 미국 유학시절이니까 80년대 말부터 인터넷을 사용했다. 어떻게 한국에 있는 컴퓨터 A와 미국에 있는 컴퓨터 B가 서로 대화할 수 있을까? 먼저 A는 B가 있는 위치를 일반 우편주소처럼 숫자로 된 IP주소를 이용해서 정보를 전달할 수 있다. 이 주소를 중계기인 라우터에 보내면 라우터가 그 정보를 받아서 다른 라우터에 전달하고 몇 개의 라우터를 거쳐서 미국에 있는 컴퓨터 B가 연결된 라우터에 도착한다. 그다음에는 그 라우터가 해당 주소를 가지는 컴퓨터 B로 전달한다.

여기서 전화망과는 다르게 이런 TCP/IP 형식의 데이터 네트워크에서는 통신망을 A와 B가 독점적으로 사용하지 않는다는 것이다. 즉 보낸 메시지를 잘라서 나누어 보낼 수 있고 비동기화 방식을 이용해서 통신망을 여러 사람이 동시에 같이 사용할 수 있기 때문에 보내는 비용이 저렴하다. 그래서 스카이프 같은 인터넷폰의 통신비용이 저렴할 수밖에 없다. 그러나 인터넷폰의 단점은 사용자가 많아지거나 네트워크의 사용빈도가 높아지는 시간에는 통화품질이 급격하게 떨어진다.

1995년 연변과학기술대학에 부임해서 보니 인터넷이란 개념조차 들어본 적이 없는 사람들이 대부분이었다. 다행스럽게 그 당시 전산실을 담당하던 정정우 실장님은 늘 새로운 것을 접하기 좋아하던 분이신지라 인터넷을 사용해보자고 제안을 했다. 그러나 연길, 장춘, 심양에서 인터넷이 어떤 것인지 아는 사람이 없었다. 하는 수없이 북경에 있는 중국과학기술원에 장거리 전화로 연결해서 겨우 미국으로 E-mail을 보낼 수 있었다.

그럴 수밖에 없었던 것은 컴퓨터에 관련된 서적을 살려고 국가기업인 신화서점을 둘러보았으나 컴퓨터에 관련된 책은 보이지 않았다. 종업원에게 물었더니 나무로 된 책꽂이 문을 열어서 보여주었다. 아무도 찾는 사람이 없어서 반품 직전에 있는 서너 권의 책을 보여주었다. 난 기념으로 윈도우 3.0에 관한 책을 샀다. 지금은 신화서점의 거대한 사무실을 온통 컴퓨터 관련 서적으로 꽉 채우게 되었으니 20년 동안 중국의 발전 속도에 놀라지 않을 수 없다.

아이피 주소

독일사람들에게
가장 익숙한 한국말은?

독일은 미국과 중국을 제외하고 내가 가장 오랫동안 머문 곳이다. 아이러니하게 LG전자의 설비 중에 독일에서 제작한 설비가 가장 많았고 첨단의 기술을 포함하고 있었다. 또한, 내가 제작설비를 감독 검수할 책임을 지고 있었기에 독일에 출장 가는 기회가 마련되었다. 말이 출장이지 한 달 이상을 머물며 자동화된 설비를 정비할 수 있는 기술을 배우는 연수에 가까운 출장이었다. 1985년만 해도 여행 자율화 이전으로 외화를 한 푼이라도 더 모아야 하는 시기 인지라 한국에서 해외로 나가는 일은 정부가 통제하고 있었다. 특별히 유럽 쪽은 더욱더 기회가 적었다.

3월 3일에 독일의 프랑크푸르트 공항에 도착하였다. 독일인 친구 Godel이 벤츠 차를 타고 마중을 나왔다. 공항을 빠져나오자 딱정벌레 모양의 폭스바겐이 도로를 달리고 있는 모습을 보게 됐다. 그런데 그 차를 운전하는 사람이 바로 젊은 아가씨였다. 난 여자가 운전하는 모습을 난생처음 보게 됐다. 문화적 충격 1호였다.

독일에서도 차가 없는 난 모든 교통수단 중에서 걸어가는 시간이 제일 많았다. 물론 차를 안겨준다고 해도 운전면허증이 없는 나에게는 무용지물이었다. 독일에서 가장 많이 걸어 다녔던 사람이 아닐까 싶었다. 그래서 당연히 건널목을 건너야 할 경우가 많았다. 처음 건널목을 건너기 위해서 길에 서서 건널목을 다가오는 자동차가 지나가기를 기다렸다가 건널목을 건너기로 마음먹고 기다렸다. 한국에서 몸에 밴 자연적 반응이었다. 그런데 다가오던 차가 멈추더니 꼼짝하지도 않았다. 나와 그 차 운전사는 건널목을 사이에 두고 서로 먼저 가라고 손짓했다. 난 그 당시 건널목에서 행인을 먼저 가라고 양보한 차를 본적이 없기 때문에 건널목을 건너갈 수가 없었다. 시간은 흐르고 흘러서 5분이 지났다. 결국은 그 차의 운전자가 차에서 내려서 손짓해서 건너가라고 했다. 그 제서야 사태를 파악한 난 건널목을 건너가면서 연신 고맙다는 말을 했다. 독일의 저력일까? 인간을 차보다 더 귀하게 여기는 이런 풍토가 너무 부럽고 배우고 싶은 문화였다.

한번은 독일 친구와 식사를 하고 호텔로 돌아오니 현관문이 잠겨있었다. 11시밖에 안 되었는데 문이 잠겨있고 호텔 안쪽은 컴컴했다. 난 투덜거리며 엉망인 서비스에 발끈했다. 그 당시 나의 나이 29살로 혈기방장(血氣方壯)할 나이었다. 잠긴 문을 요란하게 두드렸으나 안에서 아무런 반응이 없었다. 난 씩씩거리며 내일 문제를 고발해서 업무태만으로 쫓겨나는 종업원들을 상상하며 대문을 계속 흔들었다. 하도 반응이 없어서 일단 멈추고 생각에 잠겼다. 논리적이며 책임감이 강한 독일 사람들이 이럴 리가 없을 텐데 하는 생각이 불현듯 들자 갑자기 열쇠가 하나 더 있는 것이 생각났다. 혹시 그 열쇠가 현관 열쇠가 아닌가 하고 호주머니에서 꺼내어 자물쇠 홈에 넣어 돌리자 말자 달칵하고 열렸다.

난 셜록 홈즈가 사건을 해결하는 장면을 떠올리며 문제 하나 해결된 것에 전율했다. 그러나 호텔 안은 칠흑같이 어두웠다. 독일사람들이 검소하다고 들었는데 이건 좀 심한 것이 아닌가 하면서 어둠 속을 더듬어서 겨우 2층에 있는 내 방을 찾아 들어갔다. 다음 날 독일 친구를 만나서 어젯밤에 불편하게 방을 찾아간 일을 이야기했다. 그 말을 듣고 독일 친구는 복도 조그마한 불빛이 있었을 텐데 그것을 누르면 복도가 환해진다고 했다. 사람이 없는 복도에 불을 켜 놓는 것은 자원낭비 아닌가 하고 되물었다.

난 오늘날 독일이 전쟁에 지고 또다시 이렇게 부강한 나라가 된 것이 결코 우연이 아님을 깨닫게 되었다.

저 뭐니

◇◇◇

"나는 고등학교 2학년입니다."를
영어로 하면은?

　고3이 얼마나 중요한 시기인가는 대한민국 땅에 살고 있는 한 뼈저리게 통감 할 수밖에 없다.

　의사가 되기 싫은 사람이 부모가 의사란 이유로 강제적으로 의사가 된 경우가 있다. 이런 경우에 그가 의사로 남아 있는 시간은 모든 것이 스트레스며 괴로운 일이 될 것이다. 주사기나 청진기만 보아도 구역질이 나온다면 그는 의사란 직업을 수행하는데 많은 어려움이 있을 것이다. 또한, 이런 의사들은 정신적 스트레스를 해소하기 위해서 술을 입에 대거나 마약을 자연스럽게 접할 가능성이 높다. 이런 의사는 쉽게 환자들에게 짜증을 낸다. 환자는 이런 의사를 가능한 피하고 싶어 한다. 부모의 그릇된 환상으로 의사가 된 무리들이 오늘도 자신과 환우들을 학대하고 있다.

　그러나 반대로 진정으로 의사라는 직업이 환자를 섬기고 의학에 흥미를 가진 사람은 매일 환자를 보는 것이 즐겁고 의학에 관련된 지식을 배우는 것이 즐겁고 신기하기만 하다. 이런 종류의 의사들은 드물게 환자에게 미소를 짓거나 먼저 인사를 하는 그야말로 몇 안 되는 의사 중

세대간 장벽을 허무는 **화로프 아재개그**

의 한 사람이다. 이런 의사를 주치의로 둔 환자는 병원에 오는 것이 즐겁고 유쾌한 일이 될 것이다.

또한, 고3의 시기가 인생의 직업을 결정하는 시기이므로 부모들은 아이들이 무엇을 좋아하고 잘하는지 깊은 관심을 가지고 관찰해야 한다. 그러므로 성적보다는 두루두루 다양한 경험을 해보도록 자녀를 어떤 분야에 노출시켜야 한다. 그래야만 진정으로 억지로 선택하는 불행한 실수를 막는 지름길이 될 것이다. 이런 면에 의학전문대학원이나 법학전문대학원이 학부 학생의 전공에 상관없이 모집하는 것과 고3이 아니라 좀 더 성숙해진 학부 시절에 전공을 선택하는 길을 제공한다는 점에서 참으로 환영할만한 일이다.

경북 포항에 있는 한동대가 우리나라에서는 처음으로 무학과로 학생을 모집해서 1학년 말에 자신의 전공을 선택하는 제도를 도입했는데 고3의 철부지 때 전공이나 학과를 선택하는 위험부담을 덜어주는 대단히 훌륭한 제도이다. 한동대학 출신이 군대에서 '장발장' 영화를 패러디해서 전 세계를 흔드는 동영상을 만들 수 있게 되었다.

이런 사실들이 오늘도 할 수 없이 목구멍이 포도청이란 생각으로 자신의 직업에 만족하지 못하고 불행한 삶을 살게 될 가능성을 줄이는 제도적 혁명을 통하여 새 길을 찾게 해주는 새로운 희망을 열어 주고 있다.

고이즈미

노크한 면접생이
합격한 이유는?

면접의 본래 뜻은 직접 대면해서 질문하고 대답하는 것이다. 물론 요즘은 통신이 발달해서 전화면접이나 영상면접 등으로 거리를 초월해서 인원을 확보한다. 그러나 현대사회로 가면 갈수록 자신의 목표나 꿈이 없는 면접생들이 많아져서 한결같이 비슷한 답이나 정형화된 응답을 하는 면접생이 많아지고 있다. 21세기형 인재와 상관이 없는, 개성 없는 모범생이 득실거리는 취업현장이 되어가고 있다.

젊은 시절에 도전하고 실패한 경험은 자신의 인생에서 소중한 자산이지만 요즘 젊은 세대는 보다 안정적이고 모험과 불확실한 미래가 싫어서 안정적인 공무원 시험에 응시하는 인원이 적지 않다. 이로 인하여 국가경쟁력은 떨어지고 대한민국이 열등한 국가로 전락할 수 있다는 사실을 알아야 할 것이다.

〈세 얼간이〉라는 영화는 모험과 도전을 싫어하는 부류가 판을 치는 세계에서 진정한 면접의 진수를 보여준다. 지나치게 솔직한 태도는 회사에 도움이 안 되니 태도를 바꾸면 채용하겠다고 면접관은 미끼를 던진다. 그도 그럴 것이 응시자가 대학 총장의 집 앞에서 오줌 눈 이야기와 정학처분을 받아서 3층에서 뛰어내린 이야기를 자연스럽게 하자 면접관이 너무 솔직하니 태도를 바꾸면 채용하겠다고 한다. 그러나 세 얼간이 중에 한 명인 라주는 비록 이 회사에 낙방한다고 할지라도 자신의 태도를 바꿀 수 없다고 고백한다. 그리고 자신은 자신에게 의미 있는 인생을 살게 될 것이고 자신의 삶을 살 것이라고 당당하게 이야기했다. 그리고 당당히 휠체어를 끌고 나가려고 하는데 그는 채용됐다는 감격스러운 말을 면접관에게서 듣는다

오늘도 젊은이들이 부모나 친척들의 강요에 못 이겨 자신의 삶을 살지 못하는 사람들이 너무도 많다. 자신이 원하는 일을 못 하고 사는 사람들이 너무 많은 것 같다. 이것을 극복하는 유일한 길은 용기를 내어 자신이 즐기는 쪽으로 과감하게 방향전환을 하는 것이다. 물론 미지의 세계에 대하여 두렵고 떨리는 마음이 들 것이다. 그러나 평생 자신이 좋아하는 일을 하면서 살 수 있다면 더 이상의 행복이 어디에 있을까?

똑똑하니까

국을 최초로 끓인 곳은?

한국 남자들에게 요리를 가르쳐야 한다. 농경시대에는 남자와 여자가 할 일이 정해져 있었다. 힘을 많이 써야 하는 농사일은 남자가 하고 힘을 적게 쓰는 농사일과 집안일은 여자가 하였다. 그래서 남자들은 거의 요리를 직접 할 기회가 없었다. 그렇지만 여성들은 집안일과 농사일을 겸해야 하는 고된 시간을 보내야 했다. 밥도 짓고 밭을 매는 고단한 삶을 살아 야했다.

그러나 산업혁명 이후로 농촌인구가 도시로 유입되고 여성의 일자리가 다양해 지면서 가사는 남녀가 골고루 분담해야 하는 분위기로 바뀌었다. 우리나라는 유교의 잔재가 남아있어서 유교가 탄생한 중국보다 더 심하게 유교사상이 뿌리내려서 부부가 유별해야 한다는 생각에 사로잡혀 가사나 요리가 여성의 일로 여기게 됐다. 그러나 세계적인 흐름은 거스를 수 없게 됐다. 지금의 20대나 30대 부부의 대부분이 맞벌이를 하고 이런 가정에서 남자들이 가사를 분담하고 있다.

그러나 요리 같은 것은 따로 배우지 않으면 아내들을 도울 수가 없다.

이런 면에서 고등학교 교과과정에 요리가 필수과목으로 들어가야 한다. 입시 위주의 공부는 국영수만 과목이고 나머지는 전부 스페어타이어 취급을 한다. 그러나 결혼이 늦어지거나 포기하는 젊은이가 많아지고 황혼이혼이 급증하는 이 시기에 아직도 매일 라면만 끓여 먹는 남자들이 득실대는 현실을 타파하는 길은 남성들에게 요리를 가르쳐 스스로 요리할 수 있게 하는 길뿐이다.

국기원

영이
억 개 있으면은?

우리는 자주 여독이 풀리지 않아서라는 말을 자주 사용한다. 이 말은 여행의 여운이 많이 남아서 업무를 수행하는 데 방해가 될 때 더 많이 사용한다. 비슷한 말로 월요병이란 말이 있다. 멋지게 재미있게 주말을 보내고 월요일에 출근하였을 때 그 여운이 진해서 일을 하기가 영 쉽지 않을 때 주로 쓰는 말이다. 이 여독이나 월요병은 회사의 업무 효율을 높이는 데 방해되는 것이다.

그런데 우린 왜 월요병이나 여독이란 말이 생겨났는지 자세히 살펴봐야 한다. 월급 받고 일하는 사람은 대개 주중에는 멍하거나 의욕이 없다가 주말이 되면 생기가 도는 현상을 우린 자주 목격한다. 그 이유는 단 하나, 일이 재미가 없기 때문이다. 즉 자신이 즐기는 것이 일이 되면 이거야말로 자신과 가족 그리고 회사가 좋게 되어 결국 국가의 산업이 발전하게 된다. 문제는 자신이 좋아하는 것이 일로 연결이 되는 사람이 그리 많지 않다는 것이다.

이미 처음부터 직업선택을 해야 할 고3의 시기에 어떤 분야보다는 어느 대학을 가느냐에 관심을 보인 결과 온 나라가 병들어가고 있다. 즉

세대간 장벽을 허무는 **왁토토 아재개그**

주중에 적응하지 못한 회사원들이 주말을 더 신나고 즐겁게 살아가기 위해서 계획을 세우고 미리 즐기는 상상을 한다. 주중 일은 억지로 하게 되고 돈 때문에 일을 하게 되는 저급한 수준의 인간으로 전락한다.

그 결과 주말이 신나고 신이 난만큼 여독과 월요병의 증세는 심각해진다. 자신의 일을 즐기는 사람은 결코 주말에다 목숨을 걸지 않는다. 그들에게 주말이란 진정한 의미의 휴식이며 창조의 씨앗 같은 것이다. 결코, 여독이나 월요병이 그들의 발목을 잡을 수 없다.

억지로

R-P란
무슨 뜻인가?

영어는 지금 세계를 지배하는 언어가 되고 있다. 중국어를 쓰는 인구가 많다고 하지만 세계를 여행한 사람들이 이구동성으로 영어가 세계어임을 이야기한다. 그래서 전 세계가 영어를 배우기 위해서 투자와 훈련을 아끼지 않고 준비 중이다. 또한, 오늘도 셀 수 없는 엘리트 젊은이들이 미국과 영국에서 유학하고 있다.

한국에서도 역시 어렸을 때부터 영어에 관심을 가지도록 배려하지만, 막상 뚜껑을 열면 별로 실효성이 없는 영어 공부를 했다. 그럼 영어학습에 무엇이 문제인지 살펴보자.

우린 그동안 문법 위주의 영어공부가 문제가 있다고 해서 던져버리고 회화 위주의 학습법으로 갈아탔다. 그러나 조금만 생각해도 과연 직업적으로 외국인과 대화하며 사는 사람이 몇 퍼센트가 될까? 대다수의 국민은 혀를 굴려가며 영어로 말해야 할 일이 거의 없다. 이는 캘리포니아 LA에서 증명해 주고 있다. 코리아타운에서는 영어 한마디도 안 해도 자신의 일을 다 볼 수 있다. 그러므로 영어가 왜 필요하고 어떻게 사용될 것인지 먼저 알고 자신의 취향에 따라서 다르게 공부해야 한다.

내가 보기에는 새로운 정보나 지식이 거의 영어로 쓰여 있고 인터넷의 발달로 그런 문서들을 손쉽게 구할 수 있기 때문에 영어를 읽고 이해하는 능력이 현장에서 요구되고 있다. 영어로 쓰인 문장을 이해하기 위해서는 단어가 다 이해되어야 한다. 그러나 더 어려운 경우가 문맥에 의해서 뜻이 결정되는 애매함을 가지는 단어이다. Tool이란 단어는 원래의 뜻이 도구 또는 공구이지만 소프트웨어로 인식될 때는 그냥 툴이라고 한다. 그러므로 새로운 단어가 출현하면 반드시 단어가 이웃하는 단어와 같이 기억해야 한다.

또 하나, 학교나 학원 영어의 맹점은 학생의 수준을 고려하지 않는 학습법이다. 그래서 학교 교육은 늘 평균에 해당하는 학생들 중심으로 가르칠 수밖에 없다. 이를 해결하기 위해서는 먼저 자신의 수준에 알맞은 영어책을 찾아야 한다. 수준이란 한 페이지를 읽는데 모르는 단어가 5~10 사이에 있는 책을 고른다.

마지막으로 자신이 좋아하는 분야의 책을 고른다. 이 선택은 영어 공부를 포기하지 않고 끝까지 밀고 가는 원동력이 될 것이다.

정리하면 한 페이지에 모르는 단어가 5~10 정도 나오는 영어책을 고른다. 물론 자신이 좋아하는 분야의 책이다. 책을 읽어나가다가 모르는 단어가 출연하면 사전을 찾지 말고 모르는 단어의 좌우를 살펴서 그 뜻을 추측해 본다. 한 단원이 끝났을 무렵, 사전을 찾아 그 뜻을 파악하고 추측한 것과 비교해본다. 마지막으로 모르는 단어와 그 좌우에 있는 단어와 뜻을 장면과 함께 기억한다. 장면을 꼭 기억해야 하는 이유는 기억에 오래 남기 때문이다. 이 방법이 독해력과 쓰기 능력을 향상시키는 데 가장 좋은 방법임을 확신한다(원동연 박사의 5차원 교육).

알다시피

갑자기 옆집 미국사람이
스타가 되면은?

영화산업은 예술과 상업이란 저울추를 가지고 재어야 하는 박쥐 같은 존재이다. 오늘날 전 세계의 영화 산업을 주도하는 할리우드 역시 상업 쪽으로 치우친 제작사들이 넘치는 곳이다. 유니버셜픽처, 21세기 폭스, 디즈니 등등 유태인 자본이 지배하는 할리우드는 백인 주인공, 흑인친구, 그리고 동양 무술인의 패턴을 시작으로 전 세계의 영화 산업을 초토화시키고 있다. 산업으로 자본뿐 아니라 정신까지 식민지화 시키고 있다. 즉, 유색인종을 범죄인과 무능한 집단으로 세뇌시키는 위험한 영화로 또 다른 제국주의의 폐해를 낳고 있다

이런 점들이 위험요소로 자리 잡고 있는 상황에서 상대적으로 한국 영화가 덜 침략적 요소를 동반하고 유색인종이 주인공으로 나오는 친근감으로 할리우드 영화를 넘어설 수 있는 잠재력을 가지고 있음이 자랑스럽다.

이미 그런 조짐이 오고 있다. 아랍국가들은 강력한 이슬람의 문화를 세워나가 전 세계를 이슬람화하는 데 총력을 다하고 있다. 그런데 할리

우드 영화는 폭력적이고 잔인하고 백인 우월주의가 너무 강하여 이슬람 국가에서 방영하기에는 너무나도 어울리지 않는다. 이런 와중에 한국에서 온 드라마가 자신의 정서나 분위기에 훨씬 부합되기에 한류 열풍이 폭발적으로 이슬람 국가에서 불길로 번져갔다.

우리의 영화가 너무 상업적이지 않고 인간이 보편적으로 가지는 감정과 정서를 가지고 접근한다면 최소한 아시아 시장에서는 당연하게 한류가 인기를 더해 갈 것이다. 아직도 주입식 교육에 익숙한 한국문화에서 창의력이 생명인 영화계를 휩쓸고 있는 점이 신기하다. 창조적 소수는 이런 대중교육에 영향을 받지 않고 스스로 운명을 개척하는 것일까? 어쨌든 한류는 하나의 미스터리다.

헐이웃(할리우드)

세대간 장벽을 허무는 와르르 **아재개그**

먹고 있는
음식 맛이 모두 짜면은?

한국을 좋아하는 이유 중에 하나는 먹을 것이 다양하다는 것이다. 김치만 해도 배추김치, 무김치, 겉절이, 깻잎김치, 물김치, 파김치, 총각김치 등등 순대나 곱창 같은 내장을 요리한 먹거리도 결코 포기할 수 없는 맛있는 요리임에도 불구하고 서양요리에서는 다 버리는 음식재료다.

동양의 요리는 분위기를 타는 예술성이 있기에 현장에서 맛보지 않으면 결코 그 깊은 맛을 누릴 수 없다. 양로촨은 양꼬치인데 차이나타운이나 인하대학교 근처에서 먹을 수 있는 요리이다. 원래는 엄동설한에 눈이 하얗게 쌓인 모습을 보고 냉기를 느끼며 먹는 요리이다. 발음마저도 냉기를 느끼게 하지만 번역하거나 통역을 하면 냉기를 잃어버리고 맛이 떨어진다. 그래서 원발음을 그대로 간직해야 한다.

마찬가지로 비가 부슬부슬 내리는 날은 부침개가 제격이다. 폭우가 쏟아지면 생존의 여부가 걱정되기 때문이다. 폭우가 쏟아지고 물이 불어나고 있는데 그 어느 누구도 여유 있게 부침개를 부쳐 먹고 있을 여유를 부릴 사람은 없다. 비가 오면 인간은 일손을 놓고 과거의 회상에 들어간다. 그리고 2명 이상이 있으면 야릇한 적막감이 돌고 빗소리를 상쇄할 부침개 부치는 소리를 찾는다. 살짝 입술과 이로 깨물고 입술이 부침개에 닿는 순간 우린 별세계의 감흥에 취하게 될 것이다.

다짜고짜

세대간 장벽을 허무는 **왁자르르 아재개그**

육해공군 중에서
입이 가장 가벼운 군인은?

요즘 방산비리로 인해서 한창 시끄럽다. 군대는 특성상 상명하복의 집단이기에 부정부패가 모의 되거나 은닉되기 쉽다. 즉, 상관이 불의하거나 부패에 연루되면 보고하거나 고발하기 어려운 조직이다. 그것은 상관의 명령을 한 번도 거르지 않고 무조건으로 따르게 하는 문화 속에서 때로는 심각하고 조직을 흔드는 행동이나 파괴적 음모가 아닌 이상 분별이 어려운 경우도 있기 때문이다.

이러한 군대의 폐쇄성으로 인하여 각종 범죄들이 드러나기 어려운 구조를 가지고 있다. 그래서 군대를 개혁하기 위해서 요즈음 비(非)육사 출신을 중요보직에 임명하고 있다. 그러나 이런 형식적인 변화가 군대를 완전하게 범죄로부터 해방시키지 못할 것이다. 오히려 그들에게 군인의 사명감과 건전한 습관을 가지도록 하는 근본적 변화를 하지 않는 한 보직자가 바뀌면 옛날로 돌아갈 땜질식 처방이 될 것이다.

군인은 왕조시대 때는 무관으로서 주로 전쟁에 참가해서 자신의 용맹스런 힘이나 육체적 기량을 발휘하는 장교들이 주를 이르고 글을 알고 병법서를 읽는 장군은 드물었다. 그러니 역사에 이름을 남긴 장군들은 문무를 고르게 갖추고 병법을 알고 있다는 특징을 가지고 있다. 이순신 장군의 한산대첩, 을지문덕의 살수대첩이 바로 진법과 병법을 통달한 장군들이 승리를 가져온 전투다.

특별히 이순신 장군은 일기까지 써서 기록을 남기고 자신의 인격과 수양을 닦음으로써 몸가짐과 행동을 후세의 평가에 부끄럽지 않은 선택을 하도록 매일 일기를 통해서 다듬어갔다. 이순신을 난세의 영웅으로 만든 것은 바로 난중일기이다. 그러므로 군인들에게 투철한 사명감과 건전한 습관을 가지도록 개혁하는 것이 훨씬 효과적인 결과를 가져오리라 여겨진다.

해군(수군수군하니까)

세대간 장벽을 허무는 왕드드 아재개그

해양수산부 공무원을
네 글자로 하면은?

세월호 사건 이후 정부부서 중에 가장 많은 비난과 원망을 들은 부서가 해양수산부이다. 문제는 해양수산부가 선출직이 아니고 임명직이기 때문에 국민의 눈치를 보는 것이 아니라 임명권자인 대통령의 눈치를 볼 수밖에 없다는 한계이다. 선출된 대통령이 최순실과 함께 나라를 말아먹고 있는데 세월호 사건이 부각 될 수가 없었다.

해양수산부 공무원은 정년퇴직하면 수산에 관련된 기업의 고문이나 책임자로 이적하기 때문에 이른바 해피아의 사슬을 끊기가 힘들다. 구조적으로 이런 길을 열어놓고 공무원의 양심만 믿고 국가 경영을 한다는 것은 어불성설이다. 국회가 빠른 시일 내에 입법활동을 통해서 근본적으로 해양수산부의 마피아인 해피아를 막아야 한다.

그러나 대한민국 국회의원들은 백성들의 편이 아닌 권력의 시녀들이 되어서 백성들의 외침을 외면하고 정당의 불의한 목적을 이루기 위해서 멱살을 잡는 추태를 부려왔다. 백성들 역시 문제였다. 지역주의에 파묻혀 후보를 친하다는 이유로 능력과 관계없이 몰표를 몰아주어 당선시켰다. 이런 국회에 무슨 희망을 걸 수 있을까?

해피아뿐 아니라 대한민국의 모든 공무원들은 새로운 각오로 출발해야 한다. 면접을 강화해서 공무원의 사명감이 부족한 자(者)나 철밥통이 좋아서 온 응시생들과 진실로 공무원이 되고자 하는 자를 가려내야 한다. 국민의 공복이라는 사명감이 부족한 자들이 자리를 차지하여 미꾸라지처럼 자리를 흐리고 있다.

뽑는 기준과 철학은 일관성이 있어야 한다. 진심으로 자신의 공무원직을 즐기고 국민을 섬기는 자는 돈으로부터, 부정부패로부터 자유로울 것이다. 철밥통 때문에 공무원이 된 자들이 업무에 충실하지 않고 늘 윗자리 눈치만 보는 해바라기족이 되어서 물을 흐려놓는다. 이런 족속들이 모두 해피아 군피아 관피아가 되어서 대부분 공무원들의 바른 길을 방해한다.

새 정부는 땜질식 개혁이 아니라, 보다 근본적인 원인을 캐내어 이런 매국노 같은 집단을 제거해야 할 것이다.

어장관리

세대간 장벽을 허무는 왕드론 아재개그

아버지를 때리는
세균은?

"인생은 흙으로 왔다가 흙으로 돌아간다." 흙으로 돌아간다는 말은 우리의 육체가 썩어 사라진다는 뜻이다. 미라 같이 전문적인 방부 처리를 해서 썩는 것을 막을 수 있으나 결코 죽음을 막을 수 없다. 예수님의 부활은 미라 상태에서 살아난 것이 아니라 영원히 사망하지 않는 새로운 모습으로 부활하셨다. "우리도 예수님을 통해서 하나님의 자녀가 되면 예수님과 같은 몸으로 부활할 것이다."라고 성경에 기록되어 있다.

현재 인간이 만든 제품 중에서 썩지 않고 쓰레기장을 뒹구는 것은 바로 플라스틱 제품이다. 그중에서 비닐 봉투는 심각할 정도로 환경을 오염시키고 있다. 가벼운 특성으로 인해서 바람이 불면 온 천지로 흩어져 돌아다닌다. 썩어져야 할 물건이 썩지 않고 자리를 지키고 있는 것은 자연의 순리에 어긋난다. 그리고 순리에 어긋나는 일은 대재앙을 가져올 것이다. 화공과가 소개되면서 폴리머인 플라스틱이 처음 나왔을 때 사람들은 열광했다. 플라스틱의 근본 특징은 가볍고 썩지 않고 다양한 색깔을 만들어 냄으로써 녹스는 철에 비하여 가벼워지자 생활용품은 대개가 플라스틱으로 제조되었다.

그러나 이렇게 고마운 재료였지만 썩지 않음으로써 많은 환경문제를 일으켜서 골치 아픈 존재가 되어버렸다. 썩지 않음이 이렇게 무서운 일인지 이제서야 깨닫고 무한정 생산했던 플라스틱이나 비닐제품의 수를 줄이는 시도가 진행되고 있다.

자연을 향하여 인간의 손길이 지나가면 갈수록 맛이 떨어지는 이유는 인간이 만들어내는 한계와 유한함을 절감하게 한다. 양식장에서 사육하는 물고기와 자연산 물고기의 회 맛은 비교를 불허한다. 어렸을 때 동네바다에서 낚시질로 잡은 물고기를 회로 먹었던 기억은 너무나도 그리운 추억이 되어버렸다. 아직도 붕장어회와 도다리회 맛은 아직도 생생하다. 특별히 붕장어의 고소하고 쫄깃쫄깃한 맛은 천하일품이다.

요즈음 양계대란이 일어나서 온 나라가 난리법석이다. 따지고 보면 다 자연적인 사육이 아니라 감옥 같은 닭장에 가두어 키워 진드기를 자연적으로 제거하지 못하여 살충제를 강제적으로 살포하여 생긴 것이다. 시골 닭장에서 나오는 계란 맛은 결코 잊을 수 없다. 고소하고 꽉 찬 느낌을 주는 표현할 수 없는 깊은 맛을 느낄 수도 없음은 물론이고 살충제 성분이 함유된 계란을 먹어야 하는 현실이 슬프기만 하다.

부패균

세대간 장벽을 허무는 **왈츠로 아재개그**

◇◇◇

숭례문이 불이 난
이유는?

 역사에 관해서 바른 인식이 요구되고 있다. 역사를 두려워하는 자는 옷깃을 여미고 행동거지를 살핀다. 역사는 상당히 영원성을 포함하기에 고려시대 무지한 무관까지도 무신 정치를 하면서도 한계를 넘지 않았다. 그러나 이의방의 밀명에 따라 이의민이 의종을 시해한다. 그리고 두고두고 후회한다. 역사는 늘 진리의 렌즈로 조명한다. 그러기에 역사의 심판에 두려워해야 한다. 권력과 힘이 있을 때 인간은 초법적인 자세를 쉽게 취해버린다. 그리고 공모자와 부하들을 진실의 레일에서 탈선시킨다.

 아베 정부는 독일과는 다르게 침략당한 이웃 국가에게 전혀 사과하지 않고 있다. 잃어버린 10년을 다시 찾아서 일본에 자신감을 불어넣는다는 목표 아래 군을 무장시키고 미국과 협력하여 군사적인 활동을 전개하며 옛 광영(光榮)을 꿈꾸고 있다. 사과 없이 스스로 무장하는 것은 또 다른 전쟁을 암시하며 섬나라의 지리적 조건을 이용하여 유리한 때 공격하는 수법을 사용할 가능성이 높다. 그러나 대한민국은 옛 힘없이 무너진 구한말과 다르다. 경제력과 군사력에서 예전과는 전혀 다르며 세계 10위안에 드는 군사력을 보유하고 있다. 일본은 역사적으로도 한국을 지배하지 않고 대륙으로 이동하는 것이 불가능하기에 늘 한국에 관하여 철저하게 분석하고 준비를 해오고 있다.

문화재이니까

세대간 장벽을 허무는 와르르 아재개그

폐차장 주인이
즐겨 마시는 차는?

　미국은 조그만 노력으로 크게 절약할 수 있는 나라다. 특별히 폐차장에 가면은 부품의 10분의 1 가격으로 구입할 수 있다. 물론 자신이 직접 공구를 들고 가서 해체작업을 해야 한다. 나 역시 흙수저 출신 유학생인지라 폐차장을 뻔질나게 드나들었다. 난 그 당시 10년이 지난 AMC 호넷이란 차를 250$에 사서 타고 다녔다. 한국에서 온 회장 아들이 현관 발 먼지떨이를 $800에 구입해서 자랑하던 시기였다. 내 차는 차 지붕의 페인트가 벗겨지고 녹이 슬어 있었고 시동도 잘 걸리지 않아서 항상 차 보닛을 열고 기화기를 조절해야 시동이 겨우 걸리던 차였다. 긍정적으로 생각하면 아무도 훔쳐 갈 수 없는 차이니 아무 데나 두어도 마음 편하게 주차할 수 있는 차였다.

　그날도 폐차장을 기웃거리고 있었다. 헤드라이트가 망가져 교환이 필요한데 놀랍게도 같은 모델의 차가 폐차되기 위해서 입고됐다는 소식을 듣고 공구를 들고 달려가서 그 부품을 분해했다. 얼마나 부품을 분해하는 데 집중하였는지 발에 불개미가 붙어서 물고 있는지 모르고 있었다. 거의 분해가 끝날 무렵에 발등이 따끔거려서 시선을 돌려보니 새까맣게 뭉친 개미떼가 내 발을 물고 있었다. 분해작업을 멈추고 발에 있는 개미들을 손으로 떼어냈다.

플로리다의 개미떼는 무서운 독을 가지고 있기에 잘못 물리면 기절하거나 사망할 수 있다. 플로리다에 거주하다가 한국 공립학교에 다니던 어느 초등학생이 다음 곤충 중에서 가장 무서운 곤충을 고르는 문제에서 이 학생은 망설임 없이 개미라고 적었다. 그러나 선생님으로부터 틀렸다고 전갈을 받아서 왜 틀렸냐고 따졌다는 이야기를 들은 적이 있다. 다행히 난 발이 부어오르다가 며칠 지나니 부기가 가라앉았다.

구기자차

스님이 촛불을
끄면은?

불교와 기독교의 차이를 살펴보자. 불교는 엄밀한 의미에서 신이 존재하지 않기 때문에 학문이나 사상에 가깝다. 그리고 인간의 종교이다. 영원에 대해서 기독교는 직선적이며 역사적이고 사실적이다. 반면에 불교는 윤회적이고 관념적이고 철학적이다.

직선적이란 의미는 역사의 시작과 끝이 있다는 뜻이다. 이 세상이 계속되는 것이 아니라 끝이 존재하며 그 종말의 시기에 인간은 심판대에 서게 되고 새 하늘과 새 땅의 시작이 분명히 있음을 성경은 증거하고 있다. 그러나 심판의 시기는 인간에게 닫혀있음에도 불구하고 수많은 기독교 이단들이 혹세무민하여 사회적 문제를 일으켜왔다.

여기서 기독교 이단들이 많다는 사실은 한편으로는 진짜가 있기 때문에 가짜가 존재하는 것이 아닐까? 위조지폐는 100원짜리와 1,000원짜리가 드문 이유도 그것이 만원이나 오만 원에 비하여 가치가 떨어지기 때문이다. 기독교 이단들이 널려있는 것도 참 진리가 별처럼 존재하고 인간의 어리석음으로 인하여 이단들이 우후죽순처럼 난무하는 것이 아닐까 싶다.

기독교는 계시의 종교이기 때문에 신이 보여준 만큼 세상과 인간을 이해할 수 있고 신과 인간과는 차원이 다른 차이가 있다. 반면에 불교에서는 인간이 득도하면 해탈의 경지에 이르고 윤회의 탈을 벗어서 인간이 신이 될 가능성을 가지고 있다.

그런 면에서 불교는 죄와 정욕이 많아지면 타락한다고 보기 때문에 비워야 하고 기독교는 성령으로 채워나갈 때 하나님의 뜻과 의도에 합한 사람이 된다. 불교는 기독교를 인정하고 진리로 가는 길이 여럿이 있는데 기독교도 그 하나의 길이라 여긴다. 그래서 스님은 성경을 읽기도 한다. 그 결과 불교가 더 포용력이 있는 종교처럼 보인다.

반면 기독교는 내가 곧 길이요 진리이니 나로 말미암지 않으면 하나님께 갈 수 없다는 말씀을 근거로 예수님 외에는 구원이 없다는 진리를 가르친다. 때문에 편협하고 독선적이라는 평을 받는다. 그러나 답이 하나라면 어쩔 것인가? 답을 알지 못할 때 이것도 맞고 저것도 맞아 보이는 것이 아닌지 생각해 볼 일이다. 포용력의 깊은 의미를 다시 한 번 생각해 보고 진정으로 하늘에서 내려오는 밧줄이 썩은 것이 아닌지를 곰삭은 생각으로 사물을 바라보아야 할 것이다.

중후함

세대간 장벽을 허무는 **왕도토 아재개그**

화성인이 입는
외투는?

　밤하늘을 수놓은 별과 행성들을 보면 참으로 신묘하다. 가까운 태양계만 보아도 결코 우연하게 만들어졌다고 하기에는 너무도 무리가 가는 확률이다. 태양으로부터 지구가 조금만 멀어도 추워서 얼어 죽을 것이고 조금만 가까워도 더워죽을 것이다. 화성은 또 지구보다 멀리 떨어져 있어서 평균온도가 섭씨 −63도라고 한다. 그리고 이산화탄소로 구성되어 있다. 산소가 풍부한 지구와 대조된다. 인간이 그래서 화성에 바로 살기는 불가능하다. 그리고 지구가 23.5로 기울어져 있기 때문에 봄, 여름, 가을, 겨울이 골고루 오는 놀라운 축복을 누리고 있다. 만약 무에서 이 정도 정교한 세팅이 우연하게 될 확률이 얼마가 될까?

　천문학자들은 한결같이 유신론자들이 대부분이다. 그 이유는 천체의 움직임이 너무나도 정확하고 오묘하게 만들어져서 어떤 주동적인 인격체가 관여하지 않고 저절로 만들어질 가능성이 거의 0에 가깝기 때문이다. 아인슈타인이 바로 대표적인 인물이다. 그는 천체를 평생에 걸쳐서 관찰하고 유추한 결과 신이 작동하지 않고는 만들어질 수 없는 것이 우주라고 선언했다. 물론 그가 믿는 신은 사람의 삶에 찾아와서 간섭하고 교제하는 신은 아니지만, 신이 존재하지 않는다고 주장할 수 없도록 우주는 설계되었다고 주장했다. 뉴턴, 패러데이, 맥스웰, 보일 등 같은 물리학계의 거장들은 신의 존재와 간섭하시고 인도하시는 기독교의 하나님을 믿었다.

짐 캐리가 등장하는 〈브루스 올마이티〉란 영화를 보면 신의 역할이 얼마나 어려운지 절감하는 내용이 나온다. 세상의 기도가 다 응답되었을 때의 혼란. 신이 이기적이 되었을 때의 재난 등 현존하는 신은 사람들의 삶에 간섭하고 보호하신다.

그러나 그 신도 인간의 자유의지를 꺾지 못한다. 사랑에는 억지로가 존재할 수 없다. 강제로 납치나 구금할 수 있어도 사랑하게 만들 수 없다. 인간의 비극은 자유의지를 가진 인간이 선악과를 먹은 선택을 하였다는 것에 기인하지만, 자유의지를 허용하신 하나님의 무한하신 사랑에 감사와 감격을 하고 있다. 상대방을 조작하지 않는 사랑이 진정한 사랑임을 알고 계시기에 하나님께서는 오늘도 우리를 기다리고 계신다.

마스코트(Mars Coat)

조선의 임금들이
가장 싫어한 스포츠는?

왕조 시대 임금들은 대개 단명을 했는데 그 이유 중에 하나가 바로 운동을 하지 않았다는 것이다. 구한말 서양에서 온 선교사들이 땀을 흘리며 테니스를 치는 모습을 보고 고종황제께서 저런 일은 직접 하인을 시킬 것이지 왜 저리 사서 고생하냐고 혀를 끌끌 찼다는 일화가 있다. 이처럼 조선시대 왕들은 산해진미를 먹고 운동을 하지 않았기 때문에 대부분 요즘 유행하는 성인병인 고혈압, 비만, 당뇨에 시달렸을 것으로 예상하고 있다.

우리가 좀 더 오래 사시기를 원한 세종대왕마저도 풀보다는 고기를 더 좋아해서 이런 병에 시달리시다가 돌아가셨다. 거기에 비해서 왕들 중에 영조는 비교적 장수해서 80세를 넘긴 것은 아마도 어머니가 무수리 출신이어서 육체적으로 강건하지 않았나 예상된다.

거기에다 소식과 규칙적 식사, 현미와 잡곡을 골고루 먹었다고 한다. 유전적으로 튼튼한 몸에다 훌륭한 건강관리까지 했으니 왕의 평균 나이 44를 넘어 2배에 가까운 기록을 세운 것이다. 세종대왕이 80세까지 살아계셨으면 조선은 더 많이 달라지고 백성들은 태평성대의 복을 오래 누렸을 것이다. 물론 평생 책을 벗 삼으셔서 좋은 습관을 남기신 대왕이시지만 아마도 유교문화권에서 실용적인 건강에 관한 서적이 부족했거나 존재하였다 하더라도 천하게 여겼을 가능성이 높아서 건강에 관심이 적었을 것이다. 이는 백년해로 장수만세 같은 덕담을 실제로 하면서 구체적인 실천방안에 대하여 취약한 유교문화의 한계를 드러냈고 정약용과 같은 실학파가 득세하는 빌미를 주었다.

명분과 의리가 목숨보다 고귀하게 여겨졌던 유교문화의 폐해는 청나라를 무시하고 쇠락해 가고 있는 명나라에 충성하는 선택을 함으로써 백성들을 도탄에 빠지게 한다. 청나라의 규모와 영향력을 이미 파악한 광해군은 강홍립으로 하여금 싸우지 말고 항복하라고 밀명을 내린다. 이러한 결과로 인하여 청나라 군대는 광해군 시절에는 한 번도 내려온 적이 없다.

그러나 인조반정이 성공하자 청나라는 대군을 이끌고 침략한다. 이른바 삼전도의 굴욕으로 인조는 청나라 장수 앞에 무릎을 꿇는 치욕스러운 역사를 맞이한다. 청나라는 삼학사를 데리고 회군한다. 이 삼학사는 주전파 홍익한, 윤집, 오달제이다. 이들은 죽음을 각오하고 끝까지 청의 회유책에 넘어가지 않는 선비의 기개를 보인다. 그러나 이들의 명분과 기개가 아무리 고상하더라도 10만 대군이 한반도를 휩쓸고 간 자리에서 겪어야 했을 민초들의 고통을 대신할 수 없다. 그런 점에서 광해군의 탁월한 외교적 능력은 재조명되어야 할 것이다.

역도

세대간 장벽을 허무는 **와므트** *아재개그*

◇◇◇

서로 마주 오던 차가
충돌하면은?

미국은 자동차 왕국이다. 사람이 아프면 참고 견디지만 차가 아프면 정비소에 간다라는 말이 미국에서 흔히 말하곤 한다. 그도 그럴 것이 한국에서야 걸어가서 장을 보고 어지간한 쇼핑을 다 할 수 있기에 차가 필요 없지만, 미국에서는 차가 없으면 빵 한 조각도 살 수 없어 굶어 죽는다. 그래서 적당한 차를 잘 고르는 일이 처음 온 유학생들에게는 큰일이다.

그러나 미국 자동차 중개업자들은 동양에서 온 학생들을 봉으로 여기고 지독한 바가지를 뒤집어씌우고 형편없는 차를 소개해준다. 이런 사실을 알기에 처음 온 유학생들을 위해서 조인수 박사와 난 봉사하기로 하고 차를 구입하려는 유학생과 같이 차를 타고 중개상으로 갔다. 조인수 박사는 플로리다대학에서 박사학위를 받고 삼성SDI에 오랫동안 근무하였다.

조인수 박사가 주로 보이는 것을 테스트하고 난 기계 전공자답게 엔진을 봐주기로 업무를 나눴다. 딜러(중개상)를 만나니 8기통 GM차를 시험 운전해보라고 내어주었다. 조 박사가 차에 올라 시운전을 했다. 달리다가 갑자기 브레이크를 밟고 또 액셀을 밟으며 차의 움직임을 파악했다. 브레이크나 액셀러레이터 성능은 괜찮아 보였다. 그러나 조 박사가 방향전환 테스트를 위해서 직진하다가 급하게 왼편으로 꺾자마저 오른쪽 휠 프레임이 튀어나와 데구루루 굴러다녔다. 이번에는 오른쪽으로 꺾자 왼쪽 바퀴 프레임이 튀어나와 굴러다녔다. 그것을 본 딜러는 이 차를 사지 말라고 했다.

한번은 차를 사러 갔는데 딜러가 우리 차 앞에 오더니 이 차를 사라고 하는 것이다. 그래서 처음에는 농담하는 줄 알았는데 진지하게 이 차 좋은 차니 사라고 했다. 우리는 귀를 의심하면 진짜냐고 되물었다. 계속해서 그 딜러는 진지하게 사실이라고 했다. 우리는 배를 잡고 웃었다. 우리의 웃음에 약간 긴장하며 표정이 굳어진 딜러에게 내가 이것은 우리가 타고 온 차라고 말해주었다. 그러자 그제서야 자신이 휴가 가기 전에 이것과 비슷한 차가 있었는데 자기는 그 차인 줄 알았다고 하며 겸연쩍어했다.

어느 정도 영어와 미국생활에 익숙해지자 우린 딜러들의 밥이 더 이상 되지 않고 오히려 그들이 쩔쩔매는 모습에 자부심을 가지고 신입 유학생들을 도울 수 있었다.

조인수 박사에 의해 주행시험을 통과한 차만 내가 엔진을 비롯한 내부 장치를 점검하였다. 사고 싶은 차는 반드시 들고 간 공구를 이용하여 점화플러그를 뽑는다. 공구라고 해 보았자 겨우 스패너 한 개면 충분하였다. 점화플러그는 엔진에 대한 주요한 정보를 가지고 있다. 딜러들은 나처럼 엔진의 정보를 캐려고 하는 자를 싫어한다. 당연하다 누가 엔진까지 분해하는 자에게 차를 팔고 싶겠는가? 그래서 딜러에게 거부하기 힘든 제안을 한다. 엔진만 괜찮으면 이 차를 사고 싶다고 제안하고 점화플러그만 잠시 볼 수 있느냐고 한다. 이 제안은 거부하기가 힘들다. 왜냐하면, 한 대라도 더 팔아야 자신의 수익이 보장되는 구조 아래서는 이 제안을 뿌리치기 힘든 유혹이기 때문이다.

경험상으로 대부분의 차는 점화플러그가 이상이 없다. 왜냐하면, 엔진이 연소되는 과정은 소리로도 확인되며 또한 배기구의 연기 색깔로도 구분하기 때문에 대부분의 차는 이 시험에 통과한다. 그러나 드물게 점화플러그가 엉망인 차도 있다. 이런 경우는 딜러에게 보여주면 딜러가 이 차를 사지 말라고 한다.

어쨌든 조 박사와 난 환상의 콤비가 되어서 유학생 차를 구입하는 데 새로운 이정표를 세웠고 딜러들의 높은 콧대를 꺾어 놓은 기록을 남겼다.

차두리 키스

모태솔로를
영어로 하면은?

미국에서 살아남기 위해서는 자신의 말을 상대방이 알아듣도록 정확한 발음을 해야 한다.

흔히들 R과 L, F와 P 그리고 B와 V가 차이가 있다는 것은 알고 있기에 조심해서 천천히 발음하면 된다. 그러나 복병이 있었다. 미국 유학 시절 파스칼 프로그래밍 숙제를 끝내고 프린터를 하려고 하는데 통 프린터가 작동하지 않았다. 그래서 미국 여학생에게 다가가서 질문이 하나 있는 데를 'I have a question'이라고 했으나 알아듣지 못해서 'I have a question'이라고 또 이야기했으나 그 여학생이 'you have what?'이라고 물어왔다. 같은 말을 여러 번 반복했으나 알아듣지 못했다. 결국, 내 말을 알아듣지 못해서 넘어갈 수밖에 없었다. 나중에 안 일이지만 입술 동그렇게 모으고 'question'이라고 발음해야 상대방이 알아듣는다고 했다. 평소에 난 입술을 모으지 않고 그냥 발음하고 있었다. 나의 발음은 '퀘션'이 아니라 '퀴션'에 가까운 발음을 하고 있었다. 그러나 문제는 한국에 와서 가르치는 원어민들은 한국인이 하는 발음에 이미 익숙해져 있었기 때문에 내가 이런 발음을 해도 소통에 문제가 없었다.

그러나 미국에 와서는 사정이 달라졌다 한국인의 영어식 발음에 익숙한 원어민은 드물었기 때문에 이해와 순발력이 떨어지는 원어민은 100%로 나의 말을 알아듣지 못했다. 심지어 쉬운 'book'이란 단어도 못 알아듣는 경우도 있었다. 우리는 'book'이나 'good'을 발음할 때 입의 앞부분에서 소리를 만들어 내지만 원어민들은 뒤에서 만들어 낸다. 그래서 융통성이 적은 원어민은 발음이 같지 않기 때문에 무슨 말인지 알 수 없게 된다.

미국 사람은 두 종류의 부류로 나눌 수 있다. 외국인 접촉을 많이 한 부류와 그렇지않은 그룹이 있다.

자신의 발음이 정확한지 않은지를 아는 방법 중에는 외국인과 접촉이 적은 그룹 사람들과 이야기하거나 어린아이들과 대화해 보는 것이 좋다. 어린이는 외국인과 대화할 기회가 적어서 대부분 못 알아듣는다. 영어를 아무리 잘한다고 할지라도 소통이 안 되면 아무런 소용이 없다. 영어영문과 교수가 맥도날드에 가서 자신이 원하는 메뉴를 주문하지 못한다면 그것은 죽은 영어가 되는 것이다.

그러나 기죽을 필요는 없다. 원어민들은 대부분이 영어 외에는 할 줄 아는 외국어가 없다. 설령 한국말을 한다고 해도 형편이 없는 수준이다. 거기에 비하면 우리가 영어를 하는 수준은 높다를 넘어서 경이로운 수준이다. 그래서 이런 당황스러운 경험이 많을수록 영어를 앞으로 잘할 가능성이 높아진다.

본인은 영어를 배우기 위해서 미국인 룸메이트와 같이 살았다. 미국 유학을 가서 미국 룸메이트와 같이 사는 것이 당연한 것 아닌가 하고 되물을 수 있으나 대다수의 한국 유학생들은 결혼했거나 아니면 한국 유학생끼리 같이 지내는 분위기였다. 난 이것도 모자라서 아예 미국인이 사는 집에 방을 얻어서 부엌을 같이 쓰면서 영어도 배우고 미국문화도 익혔다. 부엌을 같이 쓰다 보니 미국사람들이 얼마나 마른멸치 냄새를 싫어하는지 내가 요리를 끝내고 나면 향수를 부엌에 뿌리곤 하였다. 이렇게 배운 영어로 도미(渡美)한 지 1년 만에 토플이 600점이 나오는 쾌거를 올렸다.

없데이트

세대간 장벽을 허무는 **와르르 아재개그**

김앤장 법률 사무소에
심각한 독이 되고 있는 것은?

사법고시가 없어졌다고 한다. 사법고시 폐지 반대론자의 주장은 흙수저가 신분상승 할 수 있는 유일한 기회를 없애고 있다고 했다. 물론 이 주장은 과거 과거제도가 실시되고 있는 상황에서는 옳은 이야기이다. 물론 천민에게는 기회조차 주지 않는 완전히 평등한 제도는 아니었지만 그래도 평민까지 과거를 볼 수 있었고 과거시험을 통하여 신분상승이 가능하였기 때문에 그렇게 볼 수도 있었다.

그러나 지금은 21세기이다. 누가 사법고시가 과거제도라고 감히 말할 수 있겠는가? 다양한 직업과 변화된 공무원의 신분에서 관료들은 결코 조선시대의 벼슬아치가 아니고 국민을 섬겨야 할 종인 것이다. 이런 근본적인 사회의 흐름을 읽지 못하는 일부 관료들의 개돼지 발언은 아직도 자신들이 조선시대의 특권을 누리는 집단으로 착각하고 있는 무리들 사이에 나온 시대착오적인 어리석은 태도에서 나온 것이다.

시대가 불확실하다 보니 많은 젊은이들이 공무원 시험에 목을 매고 있다. 물론 공무원도 필요하고 자신의 적성과 흥미가 국민을 섬기고 봉사하는 자세로 기쁘게 여기는 사람들이라면 적극적으로 공무원을 권하고 싶다. 그러나 지금 공무원에 임하는 사람들의 대다수는 철밥통이 좋아서 시험에 응한 젊은이가 대부분이다. 수백 대 1의 경쟁률을 보이는 공무원 시험이라면 합격자는 소수이고 대부분은 재도전하고 있다는 사실이다. 국민들은 사명감으로 뭉친 합격자를 원하지 결코 미래가 불안하여 응시한 암기력이 뛰어난 도피자들을 원하지 않는다

세상은 젊은 피를 부르고 있는데 젊은이들은 도전의 기회를 버리고 공무원학원이나 고시촌에서 젊음을 낭비하고 있다. 고시촌에 오래 있다고 하여 그것을 경력으로 인정해주는 곳은 아무 곳도 없다. 본인의 친척 중에는 SKY 법대를 나와서 30여 년간 고시를 쳐오다가 사법고시가 폐지되는 바람에 아무것도 이루지 못한 사람이 있다. 60을 바라보는 나이에 쓸쓸한 인생의 여로를 걸어가야 하는 아쉬움이 남는 인생이되어버렸다. 한때는 고시를 친다고 자신의 아버지 장례식도 참석하지 못했다. 시험일이 장례식과 겹치는 것이 아니라 시험 준비를 하고 있는 그이기에 알리지 않았다고 한다.

이 얼마나 패륜적인 결과인가. 이렇게 하여 설사 고시에 합격한들 그가 얼마나 가문에 영광스런 일을 할 수 있겠는가? 조선시대나 건국 초기에는 한 사람이 출세하면 주위 친척들이 줄줄이 하급관리로 등용될 수 있는 기회가 있었다. 실제로 건국 초기에 본인의 작은할아버지께서 군수로 봉직하실 때 본인의 부친과 삼촌들과 동네 젊은이들이 대거 임시직공무원으로 취직되곤 하셨다. 그 이후 모두 정식공무원이 되었다. 그러나 지금의 시절은 그때와 다르다. 고시에 합격했다고 한 사람도 채용할 수 없다. 가문의 영광은 옛 추억이 되고 말았다.

"세상은 넓고 할 일은 많다."라고 고백하는 대기업 회장의 이야기가

새삼스럽게 느껴진다? 인생을 어떻게 고시촌이나 암자에서 코를 박고 독야청청한 사람이 어떻게 세상을 알고 인생을 알겠는가? 이런 사람들이 어찌 검사와 판사가 되어서 재판을 할 수 있을까? 세상과 인생을 알려면 봉사나 직업을 통하여 아픔과 슬픔을 겪어 보아야 한다. 대한민국의 젊은이들이여 세상으로 눈을 돌리고 세계로 뻗어 나가자. 고시촌과 노량진을 박차고 나아가 우리가 원하고 바라는 세계에 몸을 담아서 우리의 미래를 스스로 만들어 가는 아름다운 꿈을 꾸며 살아보지 않겠는가?

김장독

◇◇◇
튼튼하고 강한 나무는?

내일 지구가 멸망한다 하더라도 나는 한 그루의 사과나무를 심겠다고 루터는 말했다. 범신론적인 접근이란 말도 있지만 난 동의 할 수 없다. 루터는 철저히 계시의 하나님이 성경을 통해서 역사하는 하나님으로 믿고 있었기에 결코 범신론자가 될 수가 없다. 지구가 멸망해서도 최선의 삶을 살고 있다는 말은 그의 삶이 외적인 환경에 예속되지 않고 진리를 향해 흔들림 없이 나아가겠다는 뜻이다. 이는 예수님을 주인으로 모시고 살지 않는 한 불가능한 일이기에 스피노자가 한 말보다는 루터가 한 말로 이해하고 싶다.

한 그루의 나무를 심을 수 있다는 말은 보이지 않는 세계가 보이는 세계를 지배한다는 진리를 받아들일 때 가능해진다. 보이는 세계가 흔들리고 부서질 때 영원을 향한 보이지 않는 세계가 지탱해 줄 것이라고 믿음 세계로 나갈 때 나무를 심을 수 있을 것이다.

우리는 살고 있는 땅에 지진과 태풍과 해일 같은 무시무시한 자연재해도 두려워하지 않는 믿음을 허락하신 예수님께 늘 감사하지 않을 수 없게 된다. 세월을 품에 안고 수백 년을 묵묵히 견뎌온 나무를 보고 있으면 밝고 어두운 역사를 목격한 침묵의 그림자가 드리워져 있음을 알 수 있다.

세상이 무너져도 한 그루의 나무를 심겠다는 말은 오늘날 우리 현실에 너무나도 필요한 교훈이 되고 있다. 한반도에 전쟁의 그림자가 어둡게 내리깔리고 있다. 북한의 계속되는 미사일 발사와 상응하는 유엔 제재(制裁), 미국의 군사적 대응 등등 대한민국은 원치 않는 전쟁의 구렁텅이 속으로 빠져들고 있다. 이런 상황에서 가장 침착한 대응은 한 그루의 나무를 심는 것이다.

한 그루의 나무 속에는 역사가 담겨져 있고 현실을 아주 적극적으로 받아들이되 하루하루에 충실하겠다는 의미이다. 결코, 좌절 속에 자폭하지 않는 모습을 보인다는 의미인 것이다. 한 치 앞을 내다볼 수 없는 현실 속에서 가장 현명하게 처신하는 것이 바로 사과나무 한 그루를 심는 것이다. 이는 믿음을 요구하는 영원성에 대한 날갯짓이다.

우리는 재난 발생시에 우왕좌왕하지 말아야 한다. 대연각 호텔에 불이 났을 때 당황하지 않고 의연하게 대처한 타이완 대사의 반응이 우리의 귀감(龜鑑)이 되고 있다. 침착하게 담요를 물에 적신 채 구조를 기다린 덕분에 11층에 투숙하여도 목숨을 건진 그는 아마도 매일 사과나무를 심고 있었기에 그렇게 생명이 오락가락하는 순간에도 침착하게 대응할 수 있었을 것이다. 반면에 조급했던 손님들은 6층 이상인데도 뛰어내려 생명을 잃는 안타까운 모습을 보여주었다. 그러므로 우린 평소에 사과나무를 심는다는 의미를 분명히 알아서 언젠가는 다가올 죽음에 대비하는 지혜로운 모습으로 살아가야 할 것이다. 그것이 국가적인 재난인 전쟁이든 개인의 죽음이든 늘 사과나무를 심는 자는 그 자리가 두렵지 않을 것이다.

알파벳이 눈물을 흘리면은?

영어가 각 나라에서 맹위를 떨치고 있다. 오늘날 영어를 바탕으로 생활하는 나라가 40%에 해당하니 영어를 배우지 않고 글로벌 인재가 된다는 것은 불가능한 일이다. 영어를 잘하기 위해서는 원어민처럼 절대적인 시간이 필요하다. 즉, 최소한 영어로 몰입할 수 있는 절대적인 시간이 필요하지만, 원어민과 생활을 같이 생활하기가 불가능하기에 우린 자기 목적에 부합된 영어공부를 해야 한다.

즉 정보를 획득해야 하는 경우는 5차원 학습법을 사용하고 회화를 많이 써야 할 분야는 영화, 드라마 같은 구어체 환경 속에 빠져드는 경험을 해야 한다. 막연하게 영어를 잘하고 싶다는 모호한 목표보다는 구체적 필요에 따르는 학습법이 효과적인 것을 알게 될 것이다. 영어를 10년 이상해도 이상하게 외국 사람을 만나면 입이 얼어붙는다고 하소연한다. 당연하다. 제대로 준비하지 않고 외국어를 주마간산으로 해서는 절대로 원하는 수준에 이를 수 없다.

또한, 외국인 앞에서 입이 언 경험이 많을수록 그것이 동기가 되어 이를 악물고 공부하여 외국어를 정복할 가능성이 높아진다. 본인이 중국어로 인사조차 못 하던 수준에서 오늘날 중국어로 강의를 할 수 있게 되었던 것 역시 중국에 도착하자마자 출장을 다녀와 온갖 수모를 다 겪었기 때문에 그 이후 중국어를 포기하고 싶을 때도 수난의 역사를 되새김질하면서 이어가던 경험이 있었기 때문이다.

또한, 영어가 어려운 이유 중에 하나는 문화적인 차이이다. 소와 닭이 있는 그림과 소와 풀이 있는 그림을 보여주면 95% 서양인들은 소와 닭이 서로 관련되어 있다고 하고 95% 동양인은 소와 풀이 더 가깝게 느껴진다고 했다. 이는 서양문화는 사물을 분류하기 좋아하는 범주문화와 동양문화는 관계문화의 차이에서 발생한다. 여기에 입각하여 아이들이 어머니로부터 가정교육을 받을 때 서양 엄마는 "장난감 자동차가 하나 있네! 거기에는 바퀴가 달렸지 그 바퀴 색깔은 검정색이지."라는 식으로 자동차라는 일반적인 단어와 구체적인 자동차와 바퀴 같은 사물에 대한 차이를 끊임없이 인식시키지만, 동양 엄마는 "자동차 너 줄게 또 나 줘볼래" 하는 방식으로 관계 중심의 교육이 시작된다. 결국 "커피 더 드시겠습니까"를 영어는 'more coffee'라고 명사가 나오지만 동양에서는 더 드시겠습니까로 동사가 나오게 된다.

영어가 정관사, 부정관사 복수들이 발달된 것도 다 이런 명사 중심인 범주문화에서 기인한다. 반면에 동양에서는 동사 중심이다 보니 영어를 할 때도 정관사나 부정관사를 빼고 말해버린다. 이러한 차이를 알고 명사 중심의 관점을 가져야 제대로 된 영어를 구사할 수 있을 것이다.

운영자

세대간 장벽을 허무는 **와르르** *아재개그*

일본, 프랑스, 러시아가
연합해서 만든 동맹국 이름은?

송창식은 70~80년대에 정점에 있는 가수이다. 70~80년대의 커다란 특징은 과거의 왜색이 짙은 트로트 풍에서 탈피하고 새로운 희망으로 시작하는 음악의 흐름을 포함한다. 물론 군부독재에 항거하는 기류도 있었지만 가장 큰 변화는 전쟁을 경험하지 못한 세대들이 보는 시각으로 음악이 흘러나왔다는 것이다.

이전 트로트 풍의 곡은 듣기만 해도 눈물이 흘러내리는 한을 담은 곡이었다면 70~80년대는 좀 더 희망적이고 낭만적인 색채를 띤 곡으로 방향이 전환되었다고 볼 수 있다. 이 중심에 송창식이 있었고 금지곡이 된 〈고래사냥〉은 영화의 주제가로 유명했다. 송창식 역시 스스로 곡을 만들 수 있는 가수로 수많은 히트곡을 작곡해서 직접 불렀다. 그만의 독특한 창법이 있고 코맹맹이 소리를 구사하면서 약간 부족한 느낌이 오히려 매력을 가증시켜 주었다.

송창식의 노래는 곡과 음조 때문인지 송창식 외에 다른 가수가 부르면 맛이 떨어진다. 그가 작곡한 곡은 요란하게 다른 악기를 요구하지 않고 통기타 하나만 있으면 곡이 흘러나온다. 혼이 살아있고 그의 곡에 영감을 실어 자신이 원하는 대로 부르는 가수이다. 가히 송창식은 국민 가수 반열에 올려도 손색이 없는 가수이다. 이제 70을 바라보는 고희의 가수가 되었지만, 그의 음악사랑은 오늘도 계속되고 있다

왜불러

들판에서 노래 부르다를
세 글자로 하면은?

2006년 어느 날 우즈베키스탄의 수도 타슈켄트를 구경하기 위해서 같이 간 동료 교수들과 시내를 걸어갔다. 타슈켄트는 구소련이 아프가니스탄을 공격할 때 거점도시로 소련군이 주둔하였던 도시였다. 그리고 지하철은 서울보다 먼저 개통이 되었지만, 노선은 그리 많지 않았다. 우리와 용산과 같은 전자상가거리를 활보할 때 대부분의 가전제품은 LG 아니면 삼성이었으며 일본제품은 보이지 않았다. 일본의 젊은이들이 요즘 헝그리정신이 사라졌다고 하더니 이곳까지 오기 싫어서일까 아니면 한국회사와 경쟁에서 진 것일까? 의문을 가지고 계속해서 타슈켄트 거리를 걸어갔다.

그런데 우즈벡 청년이 영어를 유창하게 하며 우리에게 다가와서 자신을 소개하고 한국에서 왔느냐고 물었다. 우리는 그렇다고 하자 자신은 〈대장금〉과 〈겨울연가〉를 너무 감명 깊게 보았고 K-pop 가수를 좋아한다고 했다. 사실 난 〈대장금〉은 일부만 봤고 〈겨울연가〉는 본적이 없었다. 그 청년은 그 드라마가 얼마나 좋았던지 우리를 데리고 한 번도 먹어본 적 없는 우즈벡 사람들이 즐겨 먹는 곳으로 데리고 갔다. 삼샤라고 하는 요리로 땅에다 원통형 구멍을 파고 벽에다 음식을 넣고 구워내는 참으로 인상적인 음식이었다. 그 우즈벡 청년은 한국에 꼭 한번 가보고 싶다고 했다.

나중에 안 일이지만 〈대장금〉이 인기가 있었던 이유는 정서가 맞지 않는 할리우드 영화와는 달리 여인의 머리에 뭘 쓰고 나오는 것이 차도르와 유사하고 드라마가 재미있기까지 해서 최고의 인기를 이슬람 문화권에서 누리고 있다고 했다. 한류열풍을 우즈벡에서 진하게 느끼고 돌아왔다. 그리고 LG와 삼성의 든든한 후원자는 바로 한류열풍임을 알게 되었다.

드레싱

세대간 장벽을 허무는 왁뜨뜨 아재개그

강물도 오염된다를
네 글자로 하면은?

참으로 이해하기 어려운 일 중에 하나는 내가 보기엔 사회나 국가에 더 많은 해악과 손실을 끼친 화이트칼라 범죄인들이 검찰에 조사받거나 소환이 될 때의 반응이다. 그들은 반성하기는커녕 고개를 뻣뻣하게 들고 전혀 뉘우치지 않는 모습이 카메라에 등장한다.

반면에 좀도둑이나 사람을 해친 사람들은 겉옷을 덮어쓰고 자신의 얼굴을 감추려고 한다. 최소한으로 자신의 죄를 부끄러워한다는 뜻이기에 일말의 동정심이 생긴다.

수십억의 뇌물을 주어서 회사를 망하게 한 그룹 회장과 한집 털어서 생계를 유지하려는 좀도둑과 과연 어떤 사람이 더 큰 죄를 지었는지 금방 알 수가 있다. 빅토르 위고의 소설 『장발장』이 이렇게 해서 나온 것 아닐까?

유전무죄 금력이 있으면 무죄가 되던지 형량이 감해지는 풍토 속에서는 사법부를 신뢰하기 힘들다. 이번 정부가 시급하게 해야 할 일은 권력과 연관된 부서의 개혁이다.

죄가 크고 무거울수록 반성하지 않는 문화에는 희망이 없다. 진정한 노블레스 오블리주 정신이 살아서 움직이는 대한민국이 되기를 간절히 바란다.

강도상해

식인종은 우사인 볼트를
뭐라고 할까요?

햄버거와 피자는 미국을 상징하는 음식이다. 피자의 원산지는 이탈리아이지만 미국을 통해서 세계적인 음식이 됐다. 전통적인 프랑스 음식은 슬로우푸드로 프랑스인들은 식사시간을 두 시간 이상을 할애한다. 청바지와 햄버거로 상징되는 미국의 실용적 사고는 이런 음식문화를 이루어서 유럽인들로부터 일별레라는 비아냥을 받아왔다.

한국의 S대 영문과 교수가 미국 맥도날드에서 주문했으나 종업원이 알아듣지 못해서 주문을 못 하고 그냥 나왔다고 한다. 물론 이 교훈은 한국 영어교육의 맹점을 드러내어 좀 더 유용한 곳에 영어가 쓰이길 바라는 마음에서 나온 예화이다.

여기서 글로벌 인재가 되기 위해서는 백인들의 영어뿐 아니라 인도를 중심으로 하는 아시아권 영어도 알아들어야 한다. 미국 유학생활을 하면서 나를 괴롭힌 일 중에 하나는 인도에서 온 유학생들이 사용하는 인도영어를 알아듣는 것이었다. 인도는 영어가 공용어로 되어 있기 때문에 유창하게 막힘 없이 자신이 원하는 말을 다했다. 그러나 처음에는 그들이 무슨 말을 하는지 알 수가 없었다. 또한, 마음 한구석에는 '

미국까지 와서 인도영어를 들어야 하는가.' 라는 이상한 자존심 때문에 인도영어에 관심이 적었다. 그러나 인도 역시 우리나라처럼 오랫동안 강대국의 식민지배를 받은 나라이며 중진국으로 발돋움하려고 애쓰는 나라라는 것을 알게 된 후에 마음을 열고 인도에서 온 학생들과 친하게 지내다 보니 인도영어가 들리기 시작했다.

그로부터 약 20년 후에 우즈베키스탄 타슈켄트에서 열린 국제학술대회를 한국에서 주관하면서 한국전자통신연구소 연구원이 영어로 자신의 연구성과를 발표했다. 발표가 끝나자마자 아프가니스탄에서 온 교수가 질문했는데 알아듣지 못한 것 같았다. 질문자가 바로 인도식 영어 발음으로 질문했기 때문이다. 좌장이셨던 W대 W교수 역시 국내 박사로 인도영어를 들어 본 적이 없어서 그런지 그냥 넘어가려고 했다. 질문자는 영어로 강력하게 항의했지만, 그 항의마저 알아듣지 못하는 것 같았다. 내가 도움을 주기에는 너무 먼 거리에 있었고 난 그 학술대회와는 상관없이 다른 학술대회에 참석하였다.

거기에는 백인들의 영어도 존재하지 않았고 인도영어와 한국영어가 존재하는데 주최 측인 한국 교수들은 전혀 대비가 없어 보였다. 이제 우리가 인도영어를 알아듣지 못하면서 아시아에서 어떤 역할을 한다는 것은 불가능한 일임을 알아야 할 것이다.

패스트푸드

세대간 장벽을 허무는 **왁뜨뜨 아재개그**

양산 안쪽이
행복한 이유는?

태양은 동에서 떠서 서로 진다. 실제로 태양이 움직이는 것처럼 보인다. 이른바 천동설이다. 지구를 중심으로 태양이 움직인다는 학설이다. 중세의 덜 익은 종교인이 내린 결론으로 우주를 이해하고 지구를 우주의 중심에 두기 위한 마녀사냥의 흔적을 남긴 무지와 불신앙적인 시도이며 어리석은 접근이었다. 신앙은 보이지 않는 세계를 보이는 세계로 끌어 당겨와 지적인 동의와 자신의 운명과 미래를 맡기는 행위이다. 그러나 지동설은 지구가 태양을 중심으로 돌아간다고 믿는다. 그러나 자연인은 자신의 감각으로 지구가 움직인다는 사실을 감지할 수 없다. 그래서 그가 인지해서 지동설을 믿는 것이 아니라 부수적인 증거로 믿게된다. 사진이나 월식, 일식 같은 증거로 지동설을 믿게 된다.

마찬가지로 자신의 힘으로 증명할 수 없지만 보이지 않는 신앙과 믿음의 세계가 존재하는 것을 유추해 볼 수 있다. 뉴턴은 만유인력을 발견한 천재 물리학자이다. 어느 날 뉴턴의 친구가 뉴턴을 방문해서 뉴턴의 사무실에 있는 태양계의 모형을 보았다. 스위치를 켜니 태양을 중심으로 수성, 금성, 지구, 화성, 목성 등의 행성들이 정교하게 돌고 있었

01. 아재개그와 함께하는 나의 삶

다. 하도 신기하게 잘 만들어서 친구는 뉴턴에게 누가 이 모형을 만들었냐고 물었다. 그러자 친구가 무신론자임을 알고 있는 뉴턴은 아무도 만들지 않았다고 천연스럽게 말했다. 그러자 그 친구는 이렇게 정교하고 정확하게 작동하는 기구를 아무도 만든 사람이 없다는 것이 말이 되는가? 자네 지금 나와 농담하는 거냐고 약간 상기된 투로 말했다. 과연 뉴턴은 뭐라고 말을 했을까? 그는 다음과 같이 말했다. 어찌하여 넌 이 모형을 만든 사람이 있다고 믿으면서 모형보다 훨씬 장엄하고 정교하고 아름다운 실체를 만든 인격체가 존재한다는 것은 믿지 않는가라고 대답하였다. 그제서야 뉴턴의 친구는 그 말에 깨달음이 있어서 뉴턴이 믿는 하나님의 존재를 믿게 되었다고 한다.

해피하니까

세대간 장벽을 허무는 **왁뜨르** *아재개그*

◇◇◇

오타가 많아서 미안하다를
다른 말로 하면은?

　대한민국에서 야구가 축구보다 인기 있는 이유가 무엇일까? 첫 번째는 강한 연고의식이다. 광주일고, 군상상고는 호남을 대표하는 고교야구팀이다. 선동열과 김윤환, 김봉연은 뛰어난 야구선수로 이름을 날렸다. 그러나 호남은 영남이라는 지역을 빼놓고 열기가 올라갈 수 없었다. 경남고, 경북고, 대구상고는 영남을 대표하는 고교야구팀이었다. 최동원, 천재 타자 장효조는 인기의 중심의 인물이었고 특별히 선동열과 최동원의 맞대결은 전국을 떠들썩하게 했다. 그 열기는 두 사람을 주인공으로 하는 영화까지 만들게 했다.

　야구는 지역색이 강한 고교야구를 출발해서 고스란히 프로야구로 자연스럽게 옮겨갔다. 규칙이 축구와 비교하면 복잡하고 긴장감이 덜한 스포츠가 이렇게 인기가 있는 가장 근본적인 배경이 바로 지역 사랑을 근간으로 하고 있는 애향심이다.

　두 번째 이유는 야구가 가지는 독특한 정중동의 맛이다. 90분간 쉴새 없이 몰아붙이는 축구에 비해서 야구는 배트를 휘둘러 결과가 홈런이 되거나 안타가 되는 순간을 제외하고는 대부분의 시간은 여유를 가지고 볼 수 있는 넉넉함이 있는 스포츠다. 그렇다고 관중이 멍한 상태에서 관전하는 것이 아니라 투수와 타자 간의 공격 감독의 변화무쌍한 수 싸움을 읽어 내면서 관전한다. 그리고 자신의 전술대로 공격감독이 펼쳐서 주자가 베이스에서 이동하거나 점수를 낸다면 정말 짜릿해진다.

세 번째 이유는 야구의 묘미를 알게 되면 자기가 응원하는 팀의 경기가 아니라고 재미있게 볼 수 있다. 응원하는 선수가 타석에 나와서 주인공이 되는 순간이 축구처럼 짧지 않고 길게 관찰할 수 있는 기회가 주어진다. 특별히 여성 팬이 많은 이유도 이런 점이 아닌가 싶다. 공격의 스타들을 관중의 환호 가운데 서서히 관찰하고 즐길 수 있는 여유가 있기에 야구의 인기는 앞으로 계속될 것이다.

오타수 무안타

세대간 장벽을 허무는 **왈토토** *아재개그*

야구, 농구, 탁구, 골프, 테니스 vs 축구?

대한민국 축구가 위기에 처해있다. 카타르에 1:0으로 패해서 탈락위기에 놓여있다. 기술위원회도 바뀌고 감독도 바뀌었다. 신기한 것은 그렇게 부임 초기에 찬사를 받으며 팀을 이끌던 슈틸리케 감독이 왜 이렇게 형편이 없어졌는가? 아직도 정확한 이유는 알 수 없다. 어쨌든 현재 9회 연속 출전이 물거품이 될까 봐 축협에서 슈틸리케를 쫓아내고 신태용을 감독으로 임명했다.

한국축구가 세계수준이 되려면 유소년부터 기본기를 철저히 익혀야 한다. 아무리 감독의 전술이나 팀워크가 훌륭해도 개인 기본기가 준비되어있지 않으면 소용이 없다. 기본기가 약하니 패스가 끊어지고 돌파가 안 되어서 크로스가 올라오지 못한다.

음악전공에서도 피아노를 가르칠 때에 역시 기본기보다는 기교를 가르치는데 시간을 더 할애하는 조급함을 볼 수 있다. 그래서 바이엘을 마쳤는가 아닌가에 더 관심이 많다. 그러나 이런 식으로 연습하면 멜로디는 정확하게 연주하지만, 예술적인 감동이 전혀 없다.

축구 역시 마찬가지로 패스 드리블, 트래핑보다는 감독의 전술을 실현하는 쪽으로 훈련을 더 많이 하니 우리가 공을 가지고 있으면 늘 마음이 조마조마하다. 패스가 부정확하여 공을 쉽게 빼앗겨 한 수 위의 팀과 경기할 때는 안타까운 마음을 금할 수 없다. 부디 유소년 축구에서 제대로 된 기본기 교육이 철저하게 이루어지기를 기대해 본다.

노발대발

일본이 한국보다
저녁이 먼저 오는 이유는?

1985년 난 독일에서 스위스로 가고 있었다. 주말을 이용하여 난 세계를 경탄하게 하였던 스위스행 기차에 몸을 싣고 있었다. 바젤에서 취리히를 거쳐서 생모리츠에 도착하는 기차여행이었다. 바젤에 도착하니 독일 승무원은 다 내리고 스위스 승무원과 경찰이 같은 기차를 탔다. 그 경찰이 다짜고짜 나에게 접근하더니 여권과 소지한 돈 다 내어놓으라고 했다. 처음에는 내가 잘못 들은 것으로 생각하고 다시 물어보니 돈을 내어놓으라고 한 것이 분명해졌다.

이것들이 정말로 경찰인가? 아니면 경찰로 위장한 강도인가? 나는 좌석에 앉아있는 스위스 젊은이에게 물었다. 베트남에서 온 사람들이 무일푼으로 들어와서 스위스 정부가 돈을 대어 내보내야 하기 때문이라고 했다.

난민을 받지 않는 이기주의 나라의 갑질을 목격하였다. 스위스에 대한 환상이 무너져 내렸다. 설국을 달려서 007 영화의 배경이 된 생모리

츠에 도착하였다. 2대의 케이블카를 이용하여 원하는 지점에서 내려 스키로 이동하였다. 유일하게 스키가 없는 난 정상까지 케이블카로 이동하여 산 정상에서 사방을 둘러보았다. 저 멀리 이탈리아 쪽 산들이 눈에 덮인 채 눈에 들어왔다.

성과 같은 건물에서 하룻밤을 보내고 다음 날 기차역으로 향하였다. 8시 취리히 가는 표를 달라고 하자 8시 기차는 이미 출발했다고 했다. 지금 7시 40분인데 어떻게 8시 기차가 출발할 수 있느냐고 따졌다. 그랬더니 지금 시간은 7시 40분이 아니라 8시 40분이라고 했다.

난 내 시계가 이상이 있는 줄 알고 사과를 하려고 하는데 어젯밤 자정에 시간을 한 시간 당겨서 1시로 만들었다고 했다. 내 평생에 시간을 당겨 본 경험이 없는 난 누구 마음대로 시간을 당기느냐고 물었다.

표를 팔던 역무원은 더 이상 응대하지 않고 몇 시 기차를 탈 것인가를 물었다. 어찌 이럴 수가 있을까? 시간에 손을 대다니. 폐쇄적인 나라에서 시간을 바꾸어 본 적이 없이 살아온 나에게는 너무나 큰 문화 충격이었다.

이튿날 독일 친구를 만나서 '왜?'라고 물었다. 그랬더니 첫 번째 이유는 에너지 절약이었다. 전 유럽이 한 시간 일찍 잠자리에 들면 에너지를 절약할 것이라고 하였다.

두 번째 이유는 휴가에서 돌아올 때 해가 저녁 9시가 되어도 지지 않아서 운전하고 돌아오는 길이 수월하기 위해서 시간을 당긴다고 했다. 한국도 이런 서머타임(summer time) 제도를 한번 시행한 바가 있다. 유럽과 다른 이유로 서머타임을 시행했으나 국민들이 견디지 못하여 포기하였다. 아무리 좋은 제도도 자신들의 문화와 정서 맞지 않으면 무용지물이 된다.

곤방와

헌혈의 집을
다른 말로?

헌혈이 많이 요구되지만 실제로 헌혈을 하는 사람이 적다고 한다. 갈수록 개인주의가 만연해지며 자신을 먼저 생각하는 이기주의로 변함으로 인해서 헌혈하는 인구가 갈수록 줄고 있다는 안타까운 소식이 전해지고 있다. 헌혈은 너무 자주 하지 않는 한 문제가 없고 오히려 심혈관계의 질환이 일어날 확률을 헌혈이 더 낮춰준다는 연구 결과가 있다.

그런 결과가 있다고 해도 자신 인생에서 봉사가 주는 정신적 만족감과 자발적인 희생이 안겨준 기쁨을 체험해보지 않은 사람에게는 소귀에 경 읽기다.

대한민국의 젊은이들은 모두가 이런 봉사하는 삶이 배어있으면 반드시 성공한 삶이 될 것이다. 선거철만 되면 연탄을 나르는 가증스러운 정치인들을 본받지 말자. 평소에 썩어질 육신을 위해 애쓰지 말고 어차피 썩어질 육신을 우리를 필요로 하는 봉사의 현장에 던지자. 서기 2100년에는 이 글을 읽는 독자를 포함하여 오늘도 살기 위하여 쌩쌩 차를 몰고 달리는 사람도 대부분 다 흙으로 돌아갈 것이다. 그리고 2200년에는 이 땅에서 숨을 쉴 사람도 한 명도 남지 않을 것이다.

향후에 인공으로 피를 생산하는 것이 줄기세포를 이용해서 가능해질 것이다. 그러면 헌혈이 필요 없는 날이 올 것이다. 그런 날이 오기 전에 미리 헌혈해 두자.

피로연 장소

바닷속에 있는 쇠가
녹이 잘 스는 이유는?

철은 일반적으로 산업의 쌀이라고 해서 그 나라 철강산업의 기초가 되고 있다. 포스코 신화로 불리는 한국의 철강산업은 박태준이라는 불세출의 영웅을 탄생시킨다. 감히 이야기하지만, 만약 철강산업 육성에서 실패했다면 한국의 경제발전이나 성장에서 큰 타격을 입었을 것이다.

포스코에서 첫 작품이 나오기까지 목숨을 건 제철공장 설립공사가 진행됐다. 만약 실패하면 영일만에서 모두 빠져 죽을 각오로 모두 임했다.

대한민국 민초들의 특징은 지도자가 불의하면 목숨을 걸고 항거하지만 반대로 지도자가 정의로우면 목숨을 맡긴다. 선조가 한양을 버리고 도망을 할 때 궁궐에 불을 질렀지만, 이순신 장군과 함께 싸운 수군들은 모두 나라를 위해서 목숨을 이순신 장군에게 맡겼다. 그리해서 23전 23승이라는 신화적 기록을 남기고 세계 해전사에 빛나는 업적을 이룬다.

이처럼 박태준은 이순신의 청렴함과 예리함, 부하 사랑의 정신이 늘 함께하기에 그가 가는 길에 많은 조선의 젊은이들이 기적을 만들어 낼 수 있었다. 우리 조선의 젊은이들은 이순신, 박태준 같은 지도자와 함께하는 영광의 기회가 주어지기를 오늘도 목놓아 바라고 있다.

철썩이는 바다이니까.

5층이 가장 좋은 층수이다를
세 글자로 하면은?

아파트에서 5층이면 진실로 로열층이다. 4층 역시 나쁘지 않지만 4가 어감적으로 좋지 않아서 꺼리는 경우가 많다. 실제로 많은 엘리베이터가 4 대신 F를 사용하고 있다. 특별히 정전되었을 때나 수리 중일 때 고층에 거주하는 사람들은 심한 불편을 겪지만 5층에 거주하면 계단을 통해서 마음대로 내려오거나 올라갈 수 있다.

물론 아파트 자체가 5층이거나 6층 정도 되는데 5층이라면 엘리베이터가 없을 가능성이 높아서 5층이면 불편하지만 요즘 건설하는 아파트는 대부분 15층 이상으로 건설하고 있다. 물론 조망권 때문에 고층을 선호하기도 한다. 그러나 조망권도 매일 보면 시들해진다. 별로 변화 없는 도시의 조망권보다는 여행을 통해서 자연이 주는 신선함을 느껴보는 것이 훨씬 건강한 접근이다.

5층에 살면서 가장 큰 덕을 볼 때는 화재경보기가 울렸을 때이다. 거짓화재경보기가 오동작하여 마치 화재가 난 것처럼 자동으로 방송이 흘러나왔다. 저층에 사는 우리는 여유 있게 내려갔다. 그러나 16층에 사는 사람들은 어떻게 대응하는지 궁금하기만 한다. 그리고 그 화재 경보가 사실이라면 이것은 사람의 생명이 왔다 갔다 하는 심각한 단계에 이르게 된다. 또한, 비상계단이 건물 안에 존재하기 때문에 만약 방화문이 제대로 작동하지 않으면 가스가 올라와서 생명을 위협할 수 있기 때문에 베란다 창문과 밧줄을 이용해야 할 경우도 대비해야 한다.

우리 문화는 평소 위험에 대비하는 훈련을 하지 않는 관계로 사고가 발생하면 우왕좌왕하고 당황하면서 어찌할 줄 모른다. 세월호에서 평소 훈련만 잘했어도 이렇게 불행한 인명피해는 없었을 것이다.

오존층

일본어 인기가
떨어짐?

일본에 대한 매력이 자꾸 줄고 있다. 아베 정부가 들어서서 내려앉은 일본의 자신감을 정당하지 못한 방법으로 회복해보려는 시도에 대해서 한국을 비롯한 이웃국가들이 일본의 조치에 불편해하고 있다.

과거의 잘못에 대해서 진심 어린 반성 없이 오늘을 만들려는 시도는 손바닥으로 하늘을 가려보려는 어리석은 행동이다. 기본 양심과 도덕이 실종된 나라와 협상하고 합의를 이끌어내는 것이 무척이나 어렵고도 힘들 것으로 예상된다.

가깝고도 먼 나라가 계속 먼 나라가 되고 있다. 우리와 산업구조가 비슷해서 세계무대에서 무한 경쟁을 해야 하는 숙명적 대립관계에 놓여있지만, 어찌 보면 우리를 내적으로 맷집을 강하게 만든 조력자일 수도 있다. 일본과 어깨를 나란히 하고 세계무대에서 선의의 경쟁과 협력을 할 수 있는 그 날이 오기를 간절히 기대해본다.

당연하게 이러한 시세의 조류가 반영되어 대학에서는 일어과보다는 중어중문학과의 인기가 더 높아지고 있다 심지어 영어마저 자리를 내어 놓고 중국어 관련학과의 관심이 많아지고 있다. 일어는 어문구조가 한국어와 비슷하여 기억력만 좋으면 근방 배울 수 있는 장점이 있고 빨리 수용할 가능성이 높다. 중국 교포들은 한국인이나 북한사람들보다 더 빨리 배울 수 있다. 왜냐하면, 일본은 일반 문장에도 중국 한자를 많이 사용하고 있기 때문이다.

이러쿵

모든 차가
동쪽으로 파킹된 대학

한국의 과학발전에 기여한 대학으로 카이스트가 그 중심에 있음은 아무도 부인하지 않을 것이다. 박정희 대통령의 경제 발전 정책에 브레인 역할을 할 대학을 세우는 시도 아래서 카이스트는 초법적 특혜를 받으며 문을 열었다. 그중에서 가장 괄목할만한 특혜가 바로 군 면제이다. 이 군 면제 혜택을 받은 과학기술의 영재들은 각 분야에서 뛰어난 실력을 보이며 그 특혜에 보답하였고 해외에 유학하지 않고도 최고의 기술을 습득할 수 있도록 리드하는 교수진으로 짜여 있었다. 그중에서 본인과 친분이 두터운 3분을 소개하려고 한다.

첫 번째는 전길남 교수님이다. 전길남 교수님은 미국 UCLA에서 박사학위를 취득하신 후에 한국에 인터넷을 최초로 설치하고 정착하는 데 지대한 공헌을 하신 분이다. 해외유학에 더 많은 관심을 지닌 제자들을 설득해서 카이스트에 남게 해서 가르친 결과 NC소프트의 김택진 사장과 넥센의 김정주 사장을 키우셨다. 정년퇴임 전에 중국 연변과학기술대학에 오셔서 평양과학기술대학 커리큘럼의 윤곽을 만드시는데 중심 역할을 하셨다. 난 잠시 동안 전 교수님과 같이 일하면서 많은 것을 배웠다. 특별히 그분의 추진력은 탁월하셨고 분석력과 판단력은 시대를 이끌고 가시는 선구자 역할을 하셨다.

두 번째는 이종혁 교수님이다. 경기고, 서울대의 이른바 KS의 길을 걸으신 분이지만 집안 형편이 넉넉하지 않으셔서 과외 한번 못 받아보고 대학과 대학원을 졸업하셨다. 특별히 카이스트를 수석 졸업하셔서 그 천재성을 입증하셨고 학위 취득 후 일본 NEC에 연구원으로 재직 중 포스텍(포항공대) 교수로 임용이 된다. 이 교수님은 전산학의 한 분야인 자연어처리와 정보검색 쪽을 연구하셨다. 연구자로서 이 분야의 깊은 이해와 식견은 가히 세계 최고의 수준이다.

이종혁 교수님은 리더십과 행정 능력이 뛰어나셔서 정보통신대학원장을 역임하셨다. 서울대 재학시절에는 육상선수까지 하신 다재다능하신 분으로 많은 재능을 타고나신 분이다.

또한, 제자들로부터 많은 사랑을 받는 분이다. 이 교수님의 제자 사랑이 남다르시기 때문이다. 어느 겨울 MT 때에 자신이 책을 통해서 터득한 스키의 기술을 강원도 평창스키장에서 학생들에게 가르쳐 주시며 스키장에서 탄탄한 기초실력을 갖춘 뒤에 스키장에 들어가게 하시는 자상함과 사랑을 보여주셨다. 그러나 연구주제 발표 시에는 엄한 호랑이로 돌변하셔서 문제점을 지적하시고 논리가 연결되지 않으면 엄하게 질타하시는 참 스승이시다. 이종혁 교수님은 필자의 박사과정 지도교수님이다. 난 이런 분을 지도교수님으로 모실 수 있게 된 것을 일생일대의 최고의 행운으로 여기고 있다.

마지막으로 원동연 교수이시다. 이분은 카이스트 재료공학에서 박사 학위를 받으셨다. 원동연 박사의 주특기는 학문적 연계성과 양보이다. 서울대 재료공학 재학시절에 이분은 여러 과를 넘나들며 전면적인 학습을 했다. 그리고 당당하게 카이스트 진학 시험에 합격한다.

이후에 박사 학위를 받고 원자력연구소에 근무하게 된다. 그는 부임 첫날부터 무조건으로 옆 부서에서 원하는 대로 양보하고 도움에 응했다. 처음에는 주위 사람들이 바보가 아닌가? 자기 것을 챙겨야지 그렇게 해서야 어떻게 연구소 생활을 하겠냐고 충고했다.

그로부터 몇 년 후에 원동연 박사에게 프로젝트 책임이 주어졌다. 그 결과 옆 부서에 도움을 요청했을 때 그동안 도움만 받던 연구원들이 기꺼이 시간을 내어서 도와주었다. 이런 결과에 힘입어 초전도 물질에 관한 연구에 관하여 100편 이상의 연구 논문이 쏟아지면서 다른 연구소들을 놀라게 했다.

그러나 직장에서 승승장구하는 것과 다르게 가정에서 원 박사의 성적은 형편없었다. 연구소로 인해서 야근이 잦았던 관계로 그의 아들에게 좋은 아버지가 아니었다. 넌 뭐가 되고 싶은가라는 질문에 아들은 "나는 아버지 같은 사람만 되고 싶지 않아요."라는 충격적인 말을 듣는다. 그래서 그는 연구소를 사직하고 5차원 전면 교육법을 만들어서 세상에 알린다.

학습에 기초가 되는 심력, 체력, 정보처리능력, 자기관리능력, 인간관계에 관한 구체적 훈련 시킴으로써 균형 잡힌 인격체로 키우는 목표로 삼고 있다. 연변과학기술대학 부총장으로 재직할 당시 같이 일할 기회가 있었다. 그는 너무나도 다른 리더였다. 권위와 자리로 팀원을 다스리지 않고 논리와 설득과 자신감으로 대해 주셨다. 그분과 같이 일하던 시절은 행복하고 즐거운 시간이었다.

프랑스 경찰이
음주 단속할 때 하는 말은?

1985년 20대 후반이었던 나는 프랑스 파리 세느강을 바라보고 있었다. 대기업 전자회사에서 출장 겸 연수를 독일로 갔던 나에게 독일회사에서 부활절 휴가를 프랑스에서 보낼 수 있도록 배려해주었다. 여행사에서 마련한 프로그램은 전세 버스로 첫날에만 두리뭉실하게 파리 시내 중요 관광지를 보여주고 나머지 3일은 개인별로 자유롭게 관광하다가 마지막 날에 버스를 타고 독일로 돌아오는 식의 여행으로, 개인의 자유시간이 적은 아시아계 여행사의 방식과는 많은 차이가 있었다. 전체관광을 끝내고 둘째 날부터 자유의 몸이 된 나는 말로만 들어왔던 세느강변을 따라서 생각에 잠겨서 걷고 있었다. 그 시각 그 자리에는 인적이 드물어서 더욱더 세느강의 운치를 평온하게 느낄 수 있었다.

그런데 갑자기 어디서 나타났는지 초등학교 5~6학년 정도로 보이는 어린이 3명이 나의 앞을 가로막으면서 신문을 사라고 하며 바싹 가까이 접근했다. 여자아이 한 명에 남자아이 두 명이었다. 프랑스 말을 전혀 모르는 내가 신문을 살 이유가 없어서 안 산다고 손짓을 했다. 그러자 남자아이 두 명이 갑자기 나의 양복 상의를 양쪽에서 붙잡으며 사달라고 애걸했다. 가운데 여자아이는 신문을 내 앞으로 들이대고 있었다. 순간 난 갑자기 자신이 꼼짝할 수 없는 힘의 압력을 느꼈다.

놀란 나에게 "안 산다 카는데 와이라노."는 경상도 말이 본능적인 말과 튀어나왔다. 그리고 동시에 나의 양복 상의를 꽉 붙잡고 있는 사내아이들을 밀었다. 힘에 밀린 아이들은 주춤하며 떨어졌다가 다시 따라올 기세를 보였다. 나는 소리를 크게 질러 No라고 말한 뒤 따라오면 그냥 두지 않겠다고 주의를 주는 시늉을 하고 길을 계속 걸어갔다.

그 아이들 때문에 세느강에 대한 낭만에 젖은 기분이 완전히 사라졌다. 그래서 방향을 바꾸어 콩코드 광장을 지나 개선문 쪽으로 발걸음을 돌렸다. 콩코드 광장과 개선문 사이에는 크고 작은 소극장과 공연장이 모여있는 예술의 도시 파리의 냄새를 풍기는 곳이다. 그중에 내가 보고 싶었던 공연을 보기 위해서 공연장 입구에서 표를 사기 위해서 양복 안 주머니에 손을 넣었다. 주머니 윗부분만 지나도 느낌을 주었던 지갑이 주머니 중앙을 지나고 바닥까지 내려가도 만져지지 않고 천 조각만 만져졌다. 놀란 나는 양복 상위를 한 손으로 젖혀 보면서 손을 다시 넣어 보았지만, 지갑은 간데없고 호주머니는 텅 비어있었다. 당황한 난 재빨리 양복 다른 주머니를 뒤졌다. 마지막 하의 뒷주머니까지 뒤졌지만, 지갑은 흔적도 없었다. 그 순간 아뿔싸 그 아이들이 떠올랐다.

비호처럼 세느강을 향해 달려갔지만 그 아이들은 흔적도 보이지 않았다. 프랑스에서는 3일을 더 물러야 독일로 갈 수 있는 버스를 탈 수 있는 상황이었다. 그런데 나의 수중에는 지하철도 타기에 부족한 달랑

동전 1개밖에 없었다. 믿어지지 않는 현실이 실감나게 느껴지자 소매치기를 잡기 위해서 경찰서를 찾아야겠다는 생각이 들어 다시 공연장 근처로 향했다. 그런데 갑자기 장대 같은 비가 쏟아졌다. 뛰기 시작했지만, 공연장 처마까지 오는 데 시간이 걸려서 물에 빠진 생쥐처럼 나의 양복은 완전히 흠뻑 비에 젖어있었다. 제일 가까운 처마가 있는 어느 소극장 앞에서 멈추어 비가 그치기를 기다렸지만 비는 계속 굵어지기만 했다. 하늘은 더욱 검어지고 시간은 계속 흘러가고 있었다. 아는 사람 한사람 없는 프랑스 땅에 와서 소매치기를 당하고 무일푼이 되어 버린 채 경찰서도 찾지 못하고 있는 이 암담하고 절박한 이 난관을 어떻게 수습해야 할지 앞이 캄캄했다.

불어

세대간 장벽을 허무는 **왁롤롤 아재개그**

◇◇◇

소매치기가
좋아하는 술은?

그때 소극장 문이 열리고 20대 중반으로 보이는 앳된 프랑스 청년이 나에게 다가왔다. 불어로 뭐라고 하는데 알아들을 수 없었다. 나는 그때 손짓 발짓 몸짓으로 소매치기를 당한 상황을 연기했다. 내 평생 그렇게 연기를 진지하게 한 적이 없었다. 나의 연기를 다 본 그 젊은이는 잠시 기다리라고 한 뒤에 5분쯤이 지나자 차를 끌고 와서 타라고 했다. 빗길을 헤치고 15분쯤 달려서 멈춘 곳은 내가 애타게 찾던 경찰서였다. 그리고 그는 친절하게 그 경찰서에 나를 안내해 주고 떠나갔다.

경찰서라고 해서 왔는데 파출소 같은 느낌이 들 정도로 크지 않았다. 근무하는 여자 경찰에게 이미 그 친절한 청년이 이야기해서 그런지 내가 소매치기를 당한 것은 알고 있는 듯 보였다.

그리고 그 여자 경찰은 나에게 종이쪽지를 주면서 불어로 뭐라고 설명을 하는데 알아들을 수 없었다. 난 도대체 그 종이가 무엇을 의미하는지 알 수 없어서 영어로 물었으나 그녀는 계속 불어로 대답했다. 수십 차례 서로 영어로 내가 묻고 불어로 그녀가 대답하는 코미디쇼가 계속됐다. 그때의 답답한 심정은 지금도 생생하게 기억난다. 과연 그 파출소 안에 영어를 하는 사람이 한 사람도 없었을까? 아니면 프랑스 국민의 자존심 때문에 영어를 하지 않았을까? 난 그 백인 프랑스 여자 경찰의 태도에 기분이 상했고 은근히 화도 나기도 했다. 더 이상 진전이 없자 난 묻는 것을 포기하고 그녀가 건네는 종이쪽지를 자세히 들여다보았다. 순간 그것이 주소라는 생각이 들었다. 그러자 그것이 순간 직감적으로 경찰서 주소라는 영감이 떠올랐다. 즉, 자신의 관할구역이 아니니까 관할 구역 소매치기 파출소로 가라는 의미로 해독되자 난 그 파출소를 빨리 빠져나왔다.

소매치기당한 뒤 거의 4시간이 지난 시간이었다. 일단 소매치기당한 근처로 빠른 걸음으로 간 뒤에 거기서 지나가는 행인들에게 종이에 적힌 주소를 보여주었다. 모두들 불어로 대답해주는 바람에 길이 갈라질 때마다 또 물어야 했다. 인적이 드문 곳에서는 식당 안으로 들어가서 묻곤 했다. 그렇게 묻기를 한 시간 정도 하니 어느새 해는 서산에 지고 땅거미가 몰려오고 있었다. 인적이 끊어지고 으스스한 느낌이 드는 건물을 지나 정복을 입은 경찰이 건물 안에서 왔다 갔다 하는 파출소를 발견할 수 있었다.

세느강을 관할하는 파출소는 후미진 오래된 건물 안에 있었다. 안도의 한숨을 내쉬고 경찰서 앞에 서 있는 백인 경찰에게 영어로 이야기하니까 예상했던 대로 무슨 말인지 알아듣지 못했다. 영어를 못 알아듣자 그 경찰은 안으로 나를 데리고 들어가서 흑인 경찰을 소개해 주었다. 소매치기당한 지 5시간 만에 영어를 알아듣는 경찰을 만나게 됐다.

세대간 장벽을 허무는 와트폰 아재개그

물론 유창한 영어는 아니었고 겨우 의사소통이 될 정도였지만 그래도 말이 통하니 살 것 같았다. 소매치기당한 상황과 위치를 알려주니까 흑인 경찰은 내일 아침에 관할 경찰서를 찾아가서 신고하라고 하며 주소를 적어주었다. 파출소에서는 이런 일을 취급하지 않는다고 했다. 맥이 풀리고 피곤이 몰려왔다. 그 흑인 경찰에게 혹시 호텔까지 경찰차로 데려다 줄 수 없느냐고 물었다. 그러나 그는 공무를 제외하고는 사적으로 경찰차를 쓸 수 없다고 단호하게 이야기했다.

　파출소를 나오니 날은 이미 어두워져서 어디가 어딘지 알 수가 없었다. 다행히 지도를 가지고 있었고 지도상에 내가 묵은 호텔의 위치를 표시해 두어서 길을 물어가면 된다고 판단했다. 그런데 길을 물으러 지나가는 행인들에게 다가가자 모두 한결같이 대답도 없이 빠르게 피해 가 버렸다. 열 명도 넘게 길을 물었으나 모두들 그냥 지나가 버렸다. 파리의 낮과 밤의 인심은 그렇게도 달랐다. 점심도 저녁도 먹지 못한 채 하루 종일 걷다 보니 다리에 맥이 풀리고 힘이 빠졌다. 이러다가 파리에서 객사하겠다는 생각이 들었다. 그리고 절망감이 어둠과 함께 엄습했다. 결혼한 지 4개월밖에 되지 않은 신혼 기간에 이런 불행한 일이 벌어졌다. 그런데 임신한 아내와 배 속의 아이에 대한 생각이 뇌리를 스치며 지나갔다. 순간 내가 이러면 안 되라는 생각이 들어 정신을 차리고 앞을 보니 젊은 여자와 남자 두 명이 걸어오고 있었다. 나는 젊은 여자에게 다가가서 지도를 보여주며 영어로 길을 물었다. 역시 그 젊은 여자는 잔뜩 경계심을 품고 빠른 걸음으로 지나갔고 남자들도 그 여자를 보호하듯 양쪽에서 어깨를 나란히 하며 보조를 맞추어 걸어가 버렸다. 절망감이 몰려오는 순간 갑자기 그 여자가 고개를 돌리며 나 있는 쪽으로 다가오더니 지도를 달라고 하며 영어로 말을 하기 시작했다. 현재 여기가 어디고 호텔로 가려면 어떻게 가야 하는지 손짓으로 방향을 가리키며 알려주었다. 감사하다고 그 젊은 여자에게 서너 번 이상을 말했던 것 같다. 나의 현 위치와 지도의 위치를 알게 된 후로는 몇 번의 시행착오를 했지만, 무사히 호텔까지 걸어올 수 있었다. 호텔에 도착한 시각은 새벽 한 시였다. 시장하다는 신호가 몸속에서 들려왔지만, 워낙 피곤해서 자리에 눕자마자 곯아떨어져 잠이 들어버렸다.

빼갈

세대간 장벽을 허무는 왁뜰뜰 **아재개그**

◇◇◇

형님보고
늘 돈을 내라고 하는 사람은?

다음 날 아침 다행스럽게도 여행사에서 예약해준 호텔의 숙박비에 아침을 포함하고 있었기 때문에 아침은 먹을 수 있었다. 어제 못 먹은 것까지 해서 아침을 배불리 먹고 호텔을 나와서 경찰서로 향했다. 1시간을 걸어서 경찰서에 도착하니 영어를 유창하게 하는 여자 경찰과 남자 경찰이 문 입구 근처에 앉아있었다. 용건을 말하니 앉으라고 해서 책상을 사이에 두고 나는 그들과 마주 앉아서 대화를 했다. 소매치기 당한 장소와 시간 그리고 잃어버린 물건과 금액을 적으라고 하며 서류를 내밀었다. 난 기억을 더듬으며 지갑 속에 들어있던 스위스 지폐, 프랑스 프랑화, 독일 마르크화의 수량을 적었다. 다 합치면 한화로 100만 정도 하는 금액이었다.

그 당시만 해도 한국에는 신용카드가 상용화되지 않던 시절이라 현금을 많이 들고 다닐 수밖에 없었고 소매치기범들은 이런 정보를 알고 있었기에 그들에게 동양인이 최고의 먹잇감이라는 것을 나중에 알게 됐다.

이제 모든 것이 해결된 것 같은 느낌을 받은 나는 작성한 서류를 건

01. 아재개그와 함께하는 나의 삶

네주면서 지갑을 찾을 것이라는 희망을 갖고 기다렸다. 그런데 그 경찰이 이제 가도 된다고 했다. 그래서 난 "그게 무슨 소리냐 범인을 잡아서 내 지갑을 찾아 줘야 하는 것이 당신들의 의무가 아닌가."라고 반문하자. 그 경찰은 "하루에도 파리 시내에 셀 수도 없이 많은 소매치기사건이 일어나는데 어떻게 다 잡을 수 있겠는가?"라고 반문하면서 여권을 잃어버린 경우를 제외하고는 사실상 찾는 것은 불가능하다고 말했다. 난 그 순간 어둠의 터널이 언제 끝이 날 것인가? 자신에게 물으며 맥이 빠진 채 천창을 쳐다보고 있었다. 무일푼인 내가 선택할 길은 한국대사관을 찾아가는 것밖에 없다는 생각이 들었다. 그러나 한국 대사관을 가게 되면 내 신분이 드러나고 독일에 출장 보냈는데 왜 파리에 가서 문제를 일으켰는지 본사가 알게 되고 하는 일련의 연쇄적 후속반응이 내 마음을 불편하게 했다. 그러나 다른 길은 없었고 오직 한국 대사관을 가야 하는 절박한 상황이었다.

그런데 그때 문이 열리고 여자 경찰이 소녀 한 명을 데리고 사무실로 들어갔다. 그 사이 난 한국대사관이 어디에 있는지 묻고 위치를 확인하고 떨어지지 않는 발걸음을 내디디며 경찰서를 나가고 있었다. 그런데 갑자기 "잠깐만"하는 소리가 들렸다. 서류를 작성하라고 했던 여자 경찰이 나를 불렀다. 발걸음을 멈추고 다가가니 2층에 있는 201호 사무실로 올라가 보라고 했다.

왜 가라고 하느냐고 이유를 물으니 가보면 알게 될 것이라고 하며 더이상 말을 하지 않았다. 나무계단을 따라서 이 층으로 올라가서 첫 번째 사무실인 201호 문을 두드렸다. 고풍스러운 나무들로 바닥과 벽들이 따뜻한 느낌을 주고 있었다. 들어오라는 소리를 듣고 문을 열고 들어갔더니 40대 중반으로 보이는 형사반장이 의자에 앉아있었다. 그가 권하는 의자에 앉으니 나의 이름을 물었다. 이름을 이야기하자 놀랍게도 그가 나의 회사 명함을 꺼내어 보이며 나의 명함이냐고 물었다. 그렇다고 대답하자 그는 내가 행운의 사나이라고 하며 다른 서랍을 열어 보이는데 거기에 내 눈에 익숙한 물건이 보였다. 내 눈은 갑자기 커지고 입은 감탄사를 연발했다. 바로 내가 그렇게 찾던 검은색 지갑이 놓여있었다. 건네준 지갑을 받자마자 얼른 확인해 보니 현금이 고스란히 원래대로 들어있었다. 꿈인지 생시인지 꼬집어 보았다. 나는 기쁨의 환호성을 지르며 형사반장에게 연거푸 'Thank you'를 연발했다. 자기네 나라에서도 소매치기당하면 찾기가 어려운데 머나먼 프랑스 파리에서 소매치기당한 지갑을 고스란히 찾았다는 것은 기적 그 자체였다. 형사반장에게 어떻게 된 것인지 자초지종을 물었다.

소매치기한 그 소녀 아이가 이번에는 번화가 백화점으로 자리를 옮겨 쇼핑 온 여자를 소매치기가 하다가 현장에서 붙잡혔는데 그 아이의 몸 속에서 내 지갑이 나왔다고 했다. 내가 운이 좋았던 것은 보통 소매치기 현장에서 소매치기한 물건은 바로 뒤에서 조종하고 있는 어른에게 즉시 상납하기 때문에 잡히더라도 이전 노획물이 어린이 손에 있을 가능성이 거의 없는데 이상하게도 그 지갑이 소녀의 품에 있었다는 것이었다.

그 당시 난 무신론자였기 때문에 그 일에 하나님의 간섭이 있었다는 것을 전혀 모르고 단지 운이 좋았다라고 생각하고 있었다. 그러나 그

일이 있은 지 6년 이후에 예수님을 알게 되었다. 그리고 믿음을 가지게 된 이후에 하나님께서 그때 어려운 순간마다 조력자를 보내셔서 위기에 처한 나를 구해주셨다는 사실을 깨닫게 되었다.

소매치기당한 순간부터 하나님께서는 소극장의 청년과 흑인경찰 그리고 호텔 길을 안내해준 젊은 여자를 길잡이로 보내주셔서 경찰서까지 오게 하셨고 결정적으로 지갑이 다른 손에 넘어가지 못하게 하셔서 찾게 해주셨다.

형사

옥수수도 귀해서
미리 주문하면은?

1995년 8월 중순 무렵이다. 그때까지만 해도 연변과기대는 중국 국가에서 발행하는 졸업장을 주지 못하는 상황에서 초생(학생모집)을 계속하고 있었다. 중국에 처음 온 지 3주도 채 되지 않은 나를 학교에서는 요녕성 심양으로 출장을 가야 한다는 명령을 내렸다.

얼마나 과기대에 교수님이 없었으면 이제 온 지 얼마 되지 않은 나를 심양까지 보내야 했을까? 지금까지도 우리 학교에 남아계시는 총무과의 주 선생님과 한 조가 되어서 심양 가는 기차에 몸을 실었다.

기차 차창 밖으로 펼쳐지는 거대한 옥수수 평원들을 달리고 또 달려서 다음 날 심양에 도착해서 곧바로 심양조선족 제1중학교를 방문해서 다음 날에 있을 초생 준비를 시작하려고 사무실을 찾아갔다. 그러나 우리를 반가워하는 사람은 아무도 없었다. 오히려 국가에서 허가도 나지 않은 학교에서 왜 불법으로 학생들을 뽑아가려고 하는가 하는 무언의 눈치와 함께 원래 우리에게 도움을 주기로 되어 있는 3학년 주임 김 선생님의 태도는 쌀쌀할 정도를 지나서 아예 우리를 무시하고 비협조적으로 나왔다. 과기대로 전화도 하고 면접할 사무실을 빌려야 하는 데 전혀 도움을 줄 생각도 하지 않았다. 연길에서 학생을 선발하겠다고 밤을 기차에서 보내고 이곳까지 달려왔는데 해도 너무 한다는 서운함이 순간 들었고 과연 제대로 학생이나 뽑을 수 있을지 암담한 마음이 들었다.

그렇게 오후를 그 학교 실내에서 유리창을 통해서 학교운동장을 쳐다보면서 과기대까지 원망하는 마음이 들었다. 온 지 얼마 되지 않고 아무것도 모르는 신입 직원들을 이곳까지 보냈다는 마음마저 들자 그냥 돌아가야 하는가 하는 생각 등등으로 그 날 오후를 보내고 있는데 저녁때쯤이 되자 그래도 손님이라고 형식적으로 식사하러 가자고 우리 두 사람을 근처 어느 음식점으로 데리고 갔다. 식사하는 동안도 역시 서먹서먹한 분위기는 계속되었고 나 역시 마음이 편치 않아서 음식이 어디로 들어가는지도 잘 모른 체 식사를 하고 있는데 아까 쌀쌀하게 대하던 김 선생님께서 나에게 어떻게 해서 중국에 왔느냐고 지나가는 이야기로 물어왔다.

나는 그때 어디서 나오는지 알 수도 없는 힘이 내 안에서 흘러나오는 것을 느끼면서 "저는 중국에 있는 많은 조선족 젊은이들이 제대로 된 배움의 기회가 없어서 거리를 방황하고 꿈이 없는 삶을 살고 있다는 소식을 듣고 8년 동안의 미국 생활을 정리하고 어린 자녀 둘과 아내와 함께 연길에 왔습니다. 제가 온 유일한 목적은 조상이 같은 우리 조선족 젊은이들에게 배움의 기회를 주워 중국에서 최고가는 전문 전산인을 키우는 것입니다."라고 이야기를 했는데, 갑자기 그 김 선생님께서 눈물을 흘렸다.

그러면서 "내가 중국에서 30년 가까이 학생들을 가르쳐왔지만, 당신과 같은 마음으로 가르치지 못한 것이 심히 부끄럽습니다. 이제 당신의 마음을 알았으니 내일 좋은 학생들을 보낼 수 있도록 노력하겠습니다." 하시면서 연신 볼에 흐르는 눈물을 닦으면서 말씀하시자 같이 오신 그 학교 세 분의 선생님도 숙연한 분위기에서 열심히 도우시겠다고 약속하셨다. 나 역시 조금 전까지만 해도 냉대와 괄시로 서러운 마음으로 식당에 왔는데 그분의 말씀을 듣고 코끝이 찡해왔다. 아! 가르치는 직업을 가지신 분은 어디서나 마음 이렇게 늘 순수하고 아름다운가 하면서 지금까지의 어두웠던 마음이 아침 안개가 사라지듯 투명하게 된 느낌이었다.

콘도예약

성이 정 씨인 학생만을
뽑는 다면은?

다음 날 아침 일찍 김 선생님은 어제와 달리 밝은 웃음으로 사무실과 전화기를 내어 주심은 물론, 많은 학생들이 면접할 수 있도록 도와주셨다. 학생 중 한 명이 지금 동경에 거주하며 매일 페이스북에 댓글을 열심히 달아주는 리향옥 양이다(그 이후로 나와 김 선생님은 친한 사이가 되어서 심양에 갈 때마다 연락해서 만나곤 했다). 요녕성 심양, 무순 지역에서 찾아온 학생들과 기쁘게 면접을 마치고 연길로 돌아갈 준비를 했다.

그러나 함께 간 과기대 주 선생님은 학교 다른 일로 심양에 며칠 더 머물러야 했고 연길로 나 혼자 돌아와야만 했다. 중국말은 아직도 '니하오'도 제대로 모르는 수준이었고 나의 신분증인 여권은 거류증을 받기 위해서 길림성 정부에 가 있기에 나에게는 신분증은 하나도 없는 상황이었다.

주 선생님이 끊어준 기차표를 받아 쥐고 심양역에서 기차를 타려고 기차 칸을 찾아서 올라가려고 하니까 차량 문을 지키는 차장이 3번 기차 칸은 저쪽이라고 손짓하면서 저쪽으로 가라고 하기에 침대차가 있는 곳에서 3번 칸까지 열심히 걸어가니까 아뿔싸, 3번은 침대차가 아니었다. 기차 길이가 하도 길어서 한번 끝에서 끝으로 움직이니 벌써 10분이 흘렀고 3번 칸에 오르려고 하니 이 표는 침대차 표이니까 침대차 쪽으로 가서 타야 한다면서 차장이 타지 못하게 막았다. 어리둥절한 상태로 갈피를 못 잡고 있는데 기차는 서서히 움직이기 시작했다.

아! 이럴 수가?! 이제 나 혼자서 중국말 한마디도 못하는 내가 어떻게 연길로 돌아가라고 이런 황당한 일이……

기차는 움직이고 있었다. 순간 저 기차를 타지 못하면 영원히 연길로 못 돌아갈 것 같은 생각이 머리를 스치고 지나자 주저할 것 없이 못 타게 하는 역무원에게 기차표를 흔들며 밀치고 올라가자마자 기차는 속력을 내며 달리기 시작했고 조금 늦었으면 그 속도 때문에 뛰어 타는 것이 위험할 뻔했다. 기차에 올라가니 승무원이 차표를 뺏듯이 보더니 '잉워' 어쩌고 하면서 방향을 가리키면서 가라고 했다. 지금이야 '잉워', '잉주어', '란워'라는 단어가 무엇인지 알지만 '니하오'도 잘 모르는 내가 '잉워'인지 잉어인지 알 수가 있었겠는가? 어쨌든 손짓하는 방향으로 기차 칸을 건너고 또 건너서 몇 칸을 가고 있는데 기차 안에서 나를 알아보며 손짓하는 사람이 있었다.

정시모집

엄마 품을 떠나면
주는 신분증?

바로 과기대 K교수님이 거기에서 웃으면서 나를 반겨주셨다. 그분을 거기서 보자마자, "아! 이제는 연길로 돌아갈 수 있겠구나!" 하는 안도의 한숨이 나왔다. 그리고 자초지종을 그분께 이야기했더니 기차표를 달라고 했다. 그리고 나보고 자기 자리에 잠시 앉아있으라고 한 뒤에 혼자서 기차표를 가지고 어디론지 사라지신 뒤에 한참 있다가 돌아오셨다. 그리고 기차표 대신에 얇은 철판 조각을 주시며 이걸 가지고 침대 있는 쪽으로 같이 가자고 하시며 절대로 무슨 말을 하지 말라고 하셨다. 왜 그러냐고 했더니 내가 끊은 표는 내국인 표이기 때문에 탄로가 나면 잡혀서 두 배를 물어야 하는 수모를 당하기 때문에 조용히 있으면 된다고 하셨다. 그럼 왜 공식출장인데 외국인 표를 사주지 않느냐고 내가 물으니 우리는 중국대학에서 일을 하기 때문에 외국인 표를 살 필요가 없다고 하셨다. 그리고 아까 기차표가 혼란스러웠던 것은 잉워차가 13호 차인데 앞에 1자가 희미하게 찍혀있어서 3호 차로 보였기 때문에 13호 차 역무원이 3호 차로 가라고 했을 것이라고 했다. 그러나 3호 차는 잉주어 차였기에 3호 차 역무원은 내가 잉워표를 가지고 있기에 거기에 타지 못하게 했을 것이라고 설명을 해주셨다.

중국어 못하는 내게 왜 이런 일이 생겨서 골탕을 먹는지 알 수 없었지만 내 침대로 돌아오고 K교수님은 자기 침대로 돌아가셨다. 그리고 내가 1층에 않아서 너무 피곤해서 눈을 좀 감고 있는데 마주 보는 침대에 50대 정도 보이는 남자 한족이 중국말로 나에게 말을 걸어왔다. 얼른 눈을 떠서 그를 쳐다보았지만, 도대체 무슨 말을 하는지 한마디도 못 알아들었다. 그리고 눈만 깜빡거리며 그를 쳐다보고 있으니 그는 계속 무어라 한참을 말했다. 나는 말하는 것을 못 알아듣겠다고 손을 저었지만, 그는 내가 자기 말에 반응을 하는 줄 알고 더욱 신나게 떠들었다. 세상에 이처럼 괴로운 일이 어디 있나. 지금 생각하면 '팅부동' 세 글자만 알았어도 그 고생을 안 하는데…. 어쨌든 그는 약 5분 정도 떠들다가 내가 반응이 없자 눈치를 챘는지 더 이상 말을 하지 않고 자기 자리로 돌아갔다. 아! 언어가 주는 고문이 바로 이런 것인가를 뼈저리게 느꼈다.

흔들리는 기차에서 몸이 피곤했는지 자리에 눕자마자 잠이 들었고 그 다음 날 깨어났다.

그리고 역무원이 와서 표를 바꿀 때 무슨 말을 하면 어쩌나 하는 두려움 때문에 K교수님을 찾아가서 내 자리에 와서 표를 좀 바꾸어 달라고 했다. 그래서 그분이 내 자리에 와서 철판조각과 표를 바꾸어서 주었다. 그리고 마침내 연길에 도착하였고 우리 두 사람은 연길역 출구를 향해서 걸어갔다. K교수님 아까 받은 표를 준비하라고 했다. 표를 손에

쥐고 출구에서 표를 회수하는 역무원에게 표를 주자 그 역무원은 "뿌싱" 하며 소리를 질렀다. 내가 외국인인데 내국인 표를 샀다고 나가지 못하게 했다. 똑같이 K교수님도 걸렸다.

모두들 표를 내고 나가는데 우리 두 사람만 붙잡혀서 죄인처럼 심판을 기다리고 있었다.

K교수님과 나는 연길역에 잡혀서 나오지 못하고 있었다. 답답한 K교수님이 나를 대신해서 중국말로 역전직원에게 이 분이 과기대 직원이니 내국인 표를 사는 것이 당연한 것 아니냐고 항의를 했다. 그러자 그 직원이 그러면 나의 신분증을 보여 달라고 한다고 K교수님이 통역을 했다.

그러나 나의 신분증은 오자마자 학교 외사처에 맡기고 장춘의 길림성 정부에 있어서 나에게는 아무런 신분증도 없었다. 가진 신분증이 없다고 하자 K교수님도 황당한 표정을 지으시면서 무슨 서류든 관계될 만한 것을 찾아보라고 하길래 그래서 하는 수 없이 초생광고용으로 심양에 가져갔던 과기대 홍보 종이를 건네주었다. 그러자 그 직원은 이게 무슨 신분증이냐면서 땅바닥에 홍보물을 집어 던졌다.

신분증도 없는 나를 초생으로 보내고 표를 내국인 표로 끊어준 학교에 대한 원망이 솟구치면서 중국에 와서 이런 수모를 내가 왜 당하고 있어야 하는지 의문이 앞을 가렸다. 아! 이제 이 역을 나가면 짐을 싸들고 내가 다시 중국을 떠나는 모습이 아른거렸다.

그러나 그런 모습 앞에 또렷이 떠오르는 것은 심양에서 만난 95급 학생들의 웃는 얼굴이었다. 그 얼굴들이 강하게 내 머릿속에 남아 있었다. 그 얼굴을 다시 과기대에서 볼 수 있다면 이까짓 수모야 얼마든지 참을 수 있지 하는 마음이 강하게 들었다.

그리고 한숨 돌리고 기다리자 거의 모든 사람이 다 빠져나가고 K교수님과 나 그리고 그 역전직원만 남았다. 그러자 그 역전직원 부드러운 얼굴로 미소를 지으며 우리 두 사람을 나가게 해주었다. 그 이유를 아직도 모른다. 왜 잡혀있던 두 사람을 나가게 해 주었는지……. 하늘이 감동해서 그 사람 마음을 움직였을까?

이로써 길고 길었던 요녕성 초생기를 접는다. 지금부터 22년 전 일이지만 지금 그 기억은 새롭고 그 가슴에 오래 남아있다. 그런 고생이 있었기에 내가 중국어 공부를 열심히 했고 그 결과 중국어로 강의를 할 수 있었는지도 모른다. 아니 그런 색다른 경험이 나에게 더 큰 연변에 대한 기대와 사랑을 이끌어냈는지도 모른다.

학생모집이 쉽지 않았고 국가 졸업장도 받지 못하는데 과감하게 자기 인생을 걸고 과기대를 찾아준 93, 94, 95급 학생들에게 무한한 존경과 사랑을 느낀다. 그들이 있었기에 이렇게 훌륭한 후배들이 들어와서 과기대의 명맥을 이어가고 있는 것이 아닐까?

연변과기대여 영원하리라…….

탈모증

단편유머

1페이지 분량의 유머

참을 수 없는
존재의 억울함(머피의 법칙)

1. 지하철역에서 기다리면 늘 반대편 열차가 먼저 온다.

2. 오늘따라 사람이 많이 탔는지 2대나 되는 엘리베이터를 5분 이상
   을 기다렸다. 이윽고 내려가는 엘리베이터를 타고 문이 닫히려고
   할 때 어떤 사람이 뛰어온다. 시간은 이미 늦어서 문이 닫혀 버린
   다. 나는 회심의 미소를 지었다. 그리고 1층에 내렸는데 그 사람이
   나보다 먼저 내려 걸어가고 있다.

3. 프로야구 입장권을 구하지 못해 당일 구매하러 경기장에 갔는데 2
   시간을 줄 서서 기다렸다. 그런데 바로 내 앞사람까지 팔더니 나부
   터는 다 팔렸다고 한다.

4. 에버랜드 사파리를 보려고 줄을 1시간 서서 기다렸다. 날씨는 찌고
   더워서 짜증스러웠다. 그런데 갑자기 줄을 하나 더 만들더니 30분
   이나 늦게 온 사람들이 다른 줄로 가서 나보다 더 빨리 입장했다.

5. 25분에 한 대씩 오는 시내버스를 타려고 버스정류장에 갔다. 그런데 버스가 막 출발하려고 해서 뛰어갔는데 운전사가 나를 보고도 문 닫고 출발해 버렸다.

6. 인기 과목 수강 신청하려고 한 시간 전부터 대기하며 시계와 싸움하다 정시에 그 과목 이름으로 신속하게 마우스를 움직였으나 10분이 지나도 응답이 없어 아침 먹고 와서 화면을 보니 수강신청 메뉴가 떠 있었다. 반가운 마음에 그 과목을 눌렀더니 이미 다 차버렸다.

7. 매일 밤늦게까지 게임을 한다고 컴퓨터와 씨름하다가 2시간 자고 첫 수업을 들으러 시내버스를 탔다. 다리가 후들후들 떨려서 서 있기도 힘들었다. 바로 내 앞자리 앉은 분이 내 가방을 들어주겠다고 했다. 조금 있다가 그분이 내 가방을 나에게 주고 일어서니 자리가 생겼다. 하늘이 돕는구나 하고 앉으려고 하는 순간. 우사인 볼트보다 더 빠른 속도로 어떤 아줌마가 내 엉덩이를 밀치고 먼저 앉아버렸다. 그리고 눈감고 졸기 시작했다.

8. 동네 남성 의류를 파는 가게를 지나가다가 5버튼 조끼가 마음에 들어 가격을 물어보니 6만 원 한다고 했다. 모레면 월급이 나오니 그때 사겠다고 하니 주인이 그래라고 했다. 알바 월급 받아서 이틀 후에 그 가게 갔더니 팔리고 없었다.

세대간 장벽을 허무는 **와트프** *아재개그*

9. 고등학교 유도부 시절 후배들이 말을 잘 안 듣는다고 2학년 선배가 학교 화장실 뒤에 집합시키서 신입생 10명을 엎드리라고 했다. 선배는 준비한 몽둥이로 맨 앞에 있는 나부터 때렸다.

한 대 때릴 때마다 숫자를 세라고 했다. '퍽' 소리와 함께 "하나" 했는데 엉덩이에 불이 났다.

내가 다섯을 세었을 때 갑자기 몽둥이가 부러졌다. 열 받은 선배는 다른 몽둥이를 찾으러 이리저리 왔다 갔다 하더니 결국 찾지 못했다. 찾으면서 화가 누그러졌는지 모두 일어서라고 했다. 그리고 다음부터 "조심해" 하고 가버렸다.

10. 고등학교 때 수업시간에 졸음을 못 이겨 엎드려 자고 있는 만득이에게 선생님이 박찬호보다 더 빠른 속도로 분필을 던졌다.

만득이 머리 대신 내 머리에 맞았다. 내 머리가 크다 보다니 자주 그런 일이 있었다. 그럴 때마다 친구들이 얼큰이와 선생님은 환상의 배터리라고 했다. (배터리: 야구용어로 투수와 포수를 의미함)

11. 만둣집에서 아르바이트했는데 그날 날씨가 찌는 듯 더웠다. 상한 고기가 든 만두가 식탁에 올라갔던 모양이다. 손님들이 먹고 배탈이 나서 화장실 앞에 줄을 섰다.

어떤 손님은 속상한 만두를 먹고 토했다. 급기야 뚜껑 열린 손님들이 우리 주인 멱살을 잡고 난리가 났다. 주인이 일일이 사과하고 병원비까지 변상해주자 겨우 돌아갔다.

그날 번 돈 다 날린 주인은 나에게 수고했다고 하며……

남은 상한 만두 44개를 일당으로 주었다.

일생일대 잊지 못할 가장 속상한 일이다.

왜 하필 44개인가? 주인아저씨 갑질이 너무 노골적이다.

뿌린 대로 거둔다

맹구가 집에 오자마자 엄마한테 달려가서 만득이 집에 갔던 일을 이야기했다.

맹구: 엄마, 만득이네 집에 가니까 정원에 노란색 은행나무가 멋있게 뻗어있고 그 옆에 빨간 단풍나무가 너무 화려해서 단풍으로 물들어 있었단 말이야. 그리고 창은 유럽 영화에 나오는 아치형 흰색 창문이 있었는데 담쟁이덩굴이 멋있게 뻗어있고….

그때 갑자기 맹구 어머니가 말을 가로막았다.

맹구 엄마: 맹구야, 다음에 만득이 만나면 얼마짜리 집이냐고 물어봐. 그것 외에는 알고 싶지 않아.

몇 주가 지난 후 맹구가 다시 엄마한테 어제 만득이 집에 있었던 일을 이야기했다.

맹구: 엄마 만득이네 자가용을 만득이 아빠가 태워줬는데 차가 덜컹대지 않고 미끄러져 가는 것 같았어. 그리고 차 천장이 열리기도 하고 의자가 얼마나 푹신하고 안락하고 좋은지 저절로 잠이 올 것 같았어. 차 안에서 만득이네 집에 누가 들어오고 나가는지 모니터가 있어서 다

알 수 있고 또….

맹구 엄마는 맹구 말을 가로막았다.

맹구 엄마: 맹구야 그런 이야기 할 필요 없고 차가 벤츠 S320 나 BMW 740이냐 그런 것만 이야기하면 돼. 나 바쁘니까 다음에도 쓸데없는 소리는 하지 말고 요점만 말해 알았지?

세월이 흘러 맹구는 20대 후반에 벤처기업의 사장이 되어 수백억대의 거부가 됐다. 맹구 엄마는 그 맹구가 자랑스러웠지만, 아직 장가를 보내지 못한 것이 마음에 걸렸다. 하루는 맹구의 사무실을 찾아가서 결혼 이야기를 꺼냈다.

맹구 엄마: 맹구야 이제 너도 결혼해야 할 나이인데 사귀는 여자 있니?

맹구: 엄마, 내가 여자를 만날 시간이 어디에 있나요?

맹구 엄마: 내가 며칠 전에 네 마음에 들만 한 처녀를 보아 두었다.

맹구: 어떤 여자인데요?

맹구 엄마: 응, 명문대학을 나와서 미스코리아에서 진으로 선발됐다가 미국 유학 가서 공부 끝내고 돌아와서 지금은 국제변호사로 일하고 있단다. 내가 직접 보니까, 살결도 너무 곱고 얼굴은 계란형이고 코도 오뚝하고 키도 170이라서 늘씬하고 대화를 해보니 교양과 지성이 골고루 갖추고 있고 그녀의 아버지는….

그때 맹구가 엄마 말을 가로막았다.

맹구: 엄마, 나 무척 바쁜 사람인지 알고 있지요. 요점만 말하세요. 그 여자 얼마에 데려올 수 있어요?

초등학교 나온 우리 엄마 1

나는 학교생활 기록부를 쓸 때마다 아빠는 대졸 엄마는 초등학교 졸이라고 적는다.

나는 현재 중학교 2학년이다. 반에서는 늘 꼴찌를 두고 맹구와 다툰다. 사이좋게 번갈아 가면서 꼴찌를 할 때도 있다. 내가 공부로 승부를 걸기에는 힘들다고 생각했는지 초등학교 3학년 때부터 엄마는 나를 미술학원에 보냈다. 그렇지만 지금까지 그렇게 많은 대회를 나가보았지만, 상이라고는 참가상 외에는 받아 본 적이 없다.

그래서 아버지는 늘 당신 닮아서 애가 이 꼴이라고 엄마에게 핀잔을 주었다. 엄마는 그 말을 듣고 화가 나서 "흥! 대학 나온 년하고 살지. 왜 나하고 결혼했어!"라고 앙칼진 목소리로 소리를 질렀다.

초등학교 때는 아빠가 그래도 목소리가 컸는데 시간이 갈수록 엄마 목소리가 더 커졌다.

어제는 지난달에 나온 성적표를 아빠가 보더니 "만득이 너 가문에 먹칠하고 있는 거 알고 있어?"라고 큰소리로 화를 내셨다.

듣고 있던 엄마는,

"당신 요새 나이가 들더니 말도 헷갈리나 봐. 가문에 어떻게 먹칠한 담 '문(門)'가'라면 몰라도. 그리고 당신 만득이한테 관심 좀 가져." 라고 하면서 다음과 같이 말했다.

"만득이는 지금 미술학원에 다녀. 서예학원이 아니란 말이야!"

초등학교 나온 우리 엄마 2

월말시험에서 세 번 연거푸 맹구를 재치고 계속 내가 우리 반에서 꼴찌를 하자, 우리 집 비상 가족회의가 열렸다. 가족회의라고 해 봤자 참석자는 아빠, 엄마, 나 세 명이다.

아빠: 만득아 일단 목표를 정해서 공부를 해 보는 것이 어떻겠니?

나: 내가 목표가 너무 낮게 잡아서 이번에 48등을 한 것 같아요. 40등으로 좀 높여 잡을래요.

아빠: 만득아, 넌 자기 분수를 알아야 한다. 일단 목표를 맹구로 하는 것이 좋을 것 같아.

엄마: 당신 우리 만득이가 바보인 줄 아는 모양인데. 걔가 어렸을 때부터 공원 분수대 가서 물이 올라오면 벌거벗고 뛰어들어 간 애예요. 분수를 모르다니 말도 안 되는 소리지. 만득아, 그치!

나: 그럼 그 분수는 내 장난감이었어, 내가 모를 리 있나.

아빠: 모자간에 자~알 논다…….

아빠가 뭐라고 하던 우린 서로 코드가 통하는 모자이다. 나는 이럴 때마다 엄마가 너무 좋다.

맹구와 은행강도

은행에 복면을 쓰고 권총을 든 강도가 들이닥쳤다. 번개처럼 창구로 달려가 은행원을 위협하고 손님들은 엎드리라고 고함을 질러댔다. 강도는 직원에게 금고를 열라고 권총으로 위협했다. 금고문이 열리자 강도는 금고의 돈을 부대에 담아서 문으로 빠져나가고 있었다.

그때 엄마와 같이 엎드려 있던 맹구는 강도가 가진 총이 자기 장난감 총과 비슷한 것을 발견하였다. 그래서 엄마에게 물었다.

"엄마 저 아저씨, 내 권총 언제 훔쳐갔지?"

듣고 있는 강도가 화가 나서 "뭐! 내가 네 총을 훔쳐?"

놀란 엄마는 위기를 모면하기 위해 다음과 같이 둘러댔다.

"맹, 맹구야 아저씨가 심심해서 은행놀이 하려고 잠시 네 총 빌려간 거야."

그러자 맹구, "와! 가짜 총인데 모두들 영화보다 더 실감이 나게 연기하네."

◇◇◇

벽보 싸움의 종결자

공원 근처 전봇대에 개 사진과 함께 잃어버린 개를 찾는다는 벽보
가 붙었다.

다음날 그 벽보 옆에는 다음과 같은 벽보가 붙었다.

"그 개는 집을 나온 거지 길을 잃은 게 아니요".

그러자 개 주인은 또 다른 벽보를 붙였다.

"무슨 말씀? 그 개를 얼마나 애지중지하는데."

다음날 또 다른 벽보가 붙었다.

"동물병원에 데리고 갔더니 갈비뼈에 금이 가서 전치 4주의 진단이
나왔소."

그걸 보고 개 주인은 다음과 같이 또 다른 벽보를 붙였다.

"다른 개에게 물려서 그런 것이오"

다음 날 벽보에는

"개가 주인한테 스트레스를 받아서 불안증과 공황장애로 정신분열 증세가 있다고 함."

다음날 주인은 또 다른 벽보를 붙였다.

"진단 내린 수의사가 돌팔이 같음."

이런 내용으로 개 주인과 개를 보호하고 있는 사람과 사이에 끝없는 벽보 싸움이 계속되어 공방전으로 전봇대가 벽보로 도배됐다. 급기야 주민이 신고하고 경찰까지 경고문을 붙였지만, 벽보 싸움은 계속됐다. 그런데 어느 날 다음과 같은 벽보가 붙자 전봇대는 조용해졌다. 그 벽보의 내용은

'음식으로 장난치면 천벌 받는다.' -보신탕집 주인-

◇◇◇

사오정의 하루

새벽에 출근한 아내는 그 날도 여지없이 사오정에게 오늘 할 일을 적은 쪽지를 식탁에 남겨 두었다.

느지막하게 아침을 먹고 사오정은 쪽지를 읽었다.

1. 우리집은 돼지가 제일 좋아할 것 같아요. 제발 좀 깨끗하게 해주세요. 진공청소기는 베란다에 있음.

내 허락도 없이 집에 온 돼지를 찾기 시작했다. 애들 방 장롱 침대 밑 냉장고를 다 뒤졌지만 없었다. 마지막으로 회심의 미소를 지으며 세탁기 앞으로 발자국소리를 죽이며 다가갔다. 그리고 번개같이 빠르게 세탁기 뚜껑을 열었다. 돼지는 없었다. 허무했다. 그러나 사오정의 사전에는 절망이란 단어는 없다.

꿩 대신 닭이라고 베란다에서 진공청소기를 발견하였다. 진공청소기를 응접실로 잘 모셔왔다. 그리고 진공청소기에 묻어 있는 먼지를 먼지떨이로 열심히 털어냈다.

2. 침대 시트를 벗겨서 빨래통에 담아 둘 것.

침대 녀석의 윗도리와 아랫도리를 찾기 시작했다. 그러나 찾지 못했다. 세상에서 가장 스트레스 받는 일은 찾는 일이다. 그래도 사오정은 좌절하지 않는다. 임무는 완수해야 한다. 그래서 꿩 대신 닭으로 내 윗도리와 아랫도리 옷을 벗어서 빨래통에 던졌다.

3. 주문한 택배가 오늘쯤 올 거예요. 택배 아저씨 오면 받으세요.

택배 아저씨가 왔을 때 소싸움 한판하자고 했다.

4. 수상한 사람이 오면 문을 열어 주지 말 것.

벨소리가 나길래 수상한 사람이냐고 물었다. 아니라고 했다. 신문보급소에서 나왔다고 한다. 그래서 문을 열고 주고 6개월치 신문 구독을 했다.

5. 컴퓨터에 이번에 센 바이러스가 들어온 것 같아요. 당신이 시간 나는 대로 잡기 바람

아내가 친절하게도 바퀴벌레 잡는 킬러를 컴퓨터 옆에 두고 갔다. 먼저 컴퓨터 본체에 마구 뿌렸다. 좀 센 놈이란 말이 마음에 걸렸다. 그래서 드라이버로 컴퓨터를 분해했다. 열어보니 줄이 엉켜있는 사이로 지네발 같은 것이 보였다. 정신없이 쉬지 않고 마구 뿌렸다.

나중에 눈을 떠 보니 병원 응급실이었다. 아내가 걱정스런 눈길로 바라보고 있었다. 나는 아내의 손을 잡으며 다음과 같이 말했다.

"난 아내로부터 매일 쪽지를 받는 이 세상에서 제일 행복한 남자야."

띄어쓰기의 반란

제주도에서 골프장을 운영하는 사장이 비서에게 정치인들이 제주도에 대거 온다는 소식을 듣고 비서에게 다음과 같이 써서 정치인들에게 이메일로 보내라고 했다.

제주 도착한 정치인에게 1년간 무료 골프장 사용권 드림,
해당하는 정치인은 연락 바람 제주골프클럽 전화 247-4989

그러나 제주도에 도착한 정치인으로부터 아무도 연락이 오질 않아서 사장은 이상하다고 생각하였다.

그래서 비서가 보낸 전문을 확인해 보니 그럴만한 이유가 있었다.

비서는 다음과 같이 썼다.

제주도 착한 정치인에게 1년간 무료 골프장 사용권 드림,
해당하는 정치인은 연락 바람 제주골프클럽 전화 247-4989

세대간 장벽을 허무는 **와르르 아재개그**

어느 나라 돈이 제일 가치가 있을까?

러시아 사람: 루블 박물관은 거뜬히 살 수 있지

독일 사람: 마르크스 성씨 가진 사람들 재산은 못 당할걸

미국사람: 웃기지 마. 달라스가 얼마나 큰 도시인 줄 알아?

근데

마지막 사람이 나타나자

모두 조용해졌다.

그는 프랑스에서 왔다.

◇◇◇

항상 여자가 이기는 끝말잇기

여자: 오빠 끝말잇기 할까?

남자: 그래

여자: 먼저 끝말잇기라고 해.

남자: 끝말잇기

여자: 기결

남자: 결정

여자: 정결

남자: 결단

여자: 단결

남자: 결집

여자: 집결

남자: 결속

여자: 속전속결

남자: 결판

여자: 판결

세대간 장벽을 허무는 **왁르돋 아재개그**

남자: 왜 자꾸 '결'자로 끝나는 단어뿐이야?!

여자: 어쩔 수 없잖아. 난 오빠가 '결혼하자'라는 말을 해줬으면 좋겠
는데.

남자: 오잉크! 그럼 우, 우리 겨, 겨, 결혼하자!!

여자: 자리다툼

어느 경상도 모녀 전화 대화

딸 이름은 시금

엄마: 시금아(Σ)
딸: 오메가(Ω : ω)

◇◇◇
잔인한 식당

한국말이 아직 서툰 외국인이 모험 삼아서 홀로 한식전문 식당에 갔다. 호기심 찬 외국인은 종업원이 주는 메뉴를 하나씩 읽어 내려갔다. 그날 메뉴는 다음과 같았다.

생선조림

조개탕

닭백숙

돼지국밥

소꼬리 곰탕

개고기탕을 보더니 인상을 썼고

뱀탕을 보고 눈이 휘둥그레지더니

다음 메뉴를 보고 소리를 지르고 식당을 도망쳐 나왔다.

그 메뉴는?

손칼국수

원할머니보쌈

장편유머

5페이지 이상의 유머

◇◇◇
진정한 박사

나다니엘 호손(Nathaniel Hawthorne)의 『큰 바위 얼굴』에 나오는 어니스트가 큰 바위 얼굴의 주인공을 기다리듯 우리는 진짜 박사를 기다렸습니다.

어느 날 박사님이 오셨다는 소식이 온 나라에 퍼졌습니다. 일본에 빼앗긴 우리나라가 해방된 기쁨을 우리 모두 하나 되어 만세를 불렀을 때 머나먼 나라에서 꼭 같은 만세를 부르셨지요. 그리고 얼마 후 독립된 나라를 세워줄 영웅으로 화려하게 미국에서 귀국하셨습니다. 유창한 영어 실력과 탁월한 외교 솜씨로 진정 통일된 우리나라의 영웅이 될 박사님이라고 믿었습니다. 당신은 진정한 박사같이 보였습니다.

그러나 어느 날 당신 이상으로 존경받던 백범 김구 선생님이 안두희가 쏜 흉탄에 의해 사망하자 배후에 당신이 있다고 국민들은 의심하기 시작하였습니다. 그럼에도 불구하고 당신은 우리나라의 초대 대통령이 되었습니다. 국민은 실낱같은 희망을 걸었습니다. 그러나 당신은 부패하고 무능한 정부의 수장이 되었고 특별히 6·25 전쟁 중에는 거짓방송과 수도를 버리고 피신하여 백성들의 원성을 사게 되었습니다. 당신은 임진왜란 때 자기 목숨을 구하려고 한양을 버리고 북으로 도주한 선조의 어리석고 못난 모습을 보여주었습니다.

그리고 당신의 부하들은 눈과 귀를 가리고 당신이 백성들의 원성을 듣지 못하도록 한 뒤에 사사오입 파동으로 장기집권을 하려는 꼼수를 부리기 시작했습니다.

3.15 부정선거를 규탄하던 김주열 군이 의문의 죽음으로 그 시신이 바다에 유기되었습니다. 이를 계기로 마산에서 시위가 일어나고, 이후 4.19가 일어나 당신이 권좌에서 물러나고 결국은 당신은 원하지 않았지만 성난 백성들의 원성을 뒤로하고 이 나라를 떠나야 했습니다.

우리는 진짜 박사를 만나지 못했습니다.

첫 번째 박사가 우리에게 아쉬움을 남기고 떠난 후에 미술계 진정한 박사가 나타났다는 소문이 장안에 퍼졌습니다.

당신은 수려한 외모와 예술계에서 귀한 미국 명문 예일대 박사를 취득한 수재로 예술계의 별로 데뷔하였습니다. 뛰어난 처세술과 능란한 말솜씨로 대형예술행사를 치러 내었습니다. 학교에서는 탁월한 강의 능력으로 진정한 박사같이 우리에게 강한 인상을 남겼습니다.

그래서 우린 당신을 진정한 박사 명예의 전당에 그 이름을 올리려고 준비하고 있었습니다. 그런데 놀라운 소식이 들려왔습니다. 당신의 박사학위가 가짜라는 소문이 들리기 시작했습니다. 그리고 당신 뒤에는 청와대가 있다는 소식과 불륜 스캔들에 관한 소문이 매스컴을 장식하였습니다. 그리고 검찰이 조사를 시작하였고 가짜박사의 행적은 서서

세대간 장벽을 허무는 **와르르 아재개그**

히 밝혀지고 국민들은 실망하기 시작하였습니다.

결국, 어느 날 당신은 법원으로부터 1년 6개월이라는 실형을 선고받고 감옥 생활을 하는 죄인의 신세가 되었습니다. 당신은 우리가 찾는 진정한 박사는 아니었습니다. 진정한 박사를 만나지 못한 우리의 실망은 또다시 클 수밖에 없었습니다.

그러던 어느 날 체육인들 가운데 뜨겁게 관심을 받는 인물이 나타났습니다. 올림픽 금메달리스트로 태권도에 관한 논문으로 최초로 박사학위를 받았던 인물이 나타났습니다.

당신들은 화려한 무술로 우리에게 희망을 줄 체육인이었습니다. 올림픽에서 우리에게 많은 금메달을 안겨주어 우린 당신들이 있어서 자랑스러웠습니다. 그리고 무술계에 박사라는 생소함이 신선하게 다가왔습니다. 태권도와 박사는 서로 어울리지 않는 단어이기에 우린 더 많은 기대와 성원을 할 수밖에 없었습니다. 국민에게 희망과 용기를 주는 체육인들 가운데 박사가 출현하여 새로운 가능성을 안겨주는 당신이야말로 진정한 박사임을 확신하게 되었습니다.

그리고 당신은 그동안에 쌓아둔 명성에 힘입어 여당 국회의원에 출마하여 당당하게 금배지를 다는 행보를 하였습니다.

그러나 어느 날 또다시 충격적인 소식을 접하게 되었습니다. 당신이 썼던 박사학위 논문이 표절되었다는 소문이 나돌기 시작했습니다. 이 소문에 근거하여 학위를 준 대학에서 자체 조사에 착수하였습니다. 그 결과 학위는 취소되고 당신의 박사학위는 무효가 되어버렸습니다.

이에 맞서서 당신은 소송을 재기하였으나 최종심에서 표절이 인정되어 당신은 재판에서 지고 말았습니다. 그 결과 한때는 뜨는 별과 같은 여당 국회의원이었지만 이제는 초라한 신세로 전락하여 탈당할 수밖에 없는 불쌍한 신세가 되고 말았습니다.

과연 태권도 박사의 탄생으로 무엇이 좋아졌는지 알 길이 없었습니다. 우린 여기서도 진짜 박사를 만나지 못했습니다.

그러던 어느 날 포장이사 차량에서 이사박사라는 글귀가 적혀있는 차량을 발견하였습니다. 이사와 박사가 서로 어울리지 않는 터라 우리는 기대를 가지고 당신들의 행적을 추적하였습니다.

당신은 우리가 이사 할 때 최고의 서비스와 탁월한 실력으로 남다른 서비스를 보여주었습니다. 20층이 넘는 집도 짧은 시간 내에 이삿짐을 옮겨 버리는 솜씨를 보여주었습니다. 소방차와 소방수의 전유물인 고가 사다리라는 놀라운 장비와 포장이사라는 새로운 서비스로 전셋집 사람들의 칭찬을 한몸에 받은 진정한 박사로 보였습니다.

그러나 다른 학사 출신 이삿짐 회사도 역시 비슷한 장비를 가지고 있고 괜찮은 서비스를 하고 있더군요. 오히려 이사박사는 자신의 이름값에 너무 비싼 프리미엄만 붙어 있는 것 같았습니다.

이사박사 역시 간판만 박사인 허울 좋은 박사였습니다.

이처럼 그동안 많은 박사님들이 우리 소원을 들어줄 것 같이 화려하게 등장했지만 모두 우리가 기다리던 그 주인공은 아니었습니다. 희망을 가지고 우리는 진짜 박사를 만나기를 애타게 기다렸지만, 정녕 진정한 진짜 박사는 찾지 못했습니다.

세월은 20년이 흘러 어니스트가 백발이 되어 진짜 큰바위얼굴의 주인을 찾았듯이 그러던 어느 날 우리는 큰바위얼굴의 주인인 진짜 박사를 찾았습니다. 그 박사를 본 순간 백발이 된 우리는 벅찬 감격의 눈물을 흘렸습니다.

그는 바로 "수박 사"를 외치는 수박장사였습니다.

"맛있는 꿀 수박 사!!!"라고 소리치는 수박장사. 바로 그가 우리가 그토록 찾아다니던 진정한 박사였던 것입니다.

여름 내내 더위와 싸우고 흙과 대화하며 수박을 키운 수박장사였습니다. 비록 이마에는 잔주름과 얼굴에 패인 주름이 있었지만 자신의 일을 성실하게 이루어온 평범한 주인공이 바로 진정한 인생의 박사인 것입니다. 우린 오늘 진정한 박사를 만났습니다. 그를 통하여 우린 오늘도 자신의 일을 묵묵히 하고 있는 수많은 숨은 평범한 박사들을 발견하게 되었습니다. 그들은 우리 가까운 곳에 있었습니다.

큰바위얼굴의 주인공이 화려하고 인기 있고 권력을 차지하며 사람들의 환호성 가운데 있는 인물이 아니라 어니스트처럼 고향을 지키며 자연과 세월을 벗 삼아 사람들에게 참다운 조그마한 사랑을 실천하며 살아가는 민초가 진정한 큰바위얼굴의 주인공이듯이 진정한 박사 역시 "수박 사"를 외치는 우리의 이웃이 아닌지를 다시 한 번 생각해보게 됩니다.

녹음기에 얽힌
추억

　내가 중학생이었을 때다. 우리 집은 전기도 들어오지 않았던 시골이었다. 녹음기를 너무 가지고 싶었다. 음악을 좋아하는 나는 내 목소리도 녹음해서 들어 보고 싶었다. 그런데 시골에 사시는 아버지께 말씀드려봐야 우리 집 경제 사정도 그렇고 이런 일에 돈을 쓰실 아버지가 아님을 난 잘 알고 있었다. 그러나 난 아버지의 약점을 알고 있었다. 자식이 공부하겠다는 데는 소를 팔 각오가 되어 있는 분이라는 것을 어렸을 때 파악했다.

　그래서 아버지께 영어공부에 필수적인 녹음기를 사달라고 했다. 자식 중에서 나를 가장 좋아하는 아버지셔서 내가 부탁하는 것은 그래도 셋 중에 하나 정도는 들어 주셨다. 형과 누님은 거의 3대 0으로 완패하고 돌아오곤 했다. 영어를 책보고 백날 해봤자 미국사람 만나면 입도 뻥긋 못하는 것은 녹음기로 공부를 안 해서 그렇다고 아버지를 설득시켰다.

　아버지께서는 그러면 생각해보겠다고 하셨다. 그리고 며칠 후 읍내 아는 전파상에 가서서 중고 산요 녹음기를 깎고 또 깎으셔서 나에게 주셨다.

그때 그 기쁨은 아직도 잊을 수 없다. 처음에는 아버지 체면도 생각해서 영어 테이프를 듣는 척했지만 역시 나에게는 다른 소리가 더 좋았다. 팝송과 유행 음악을 듣기도 하고 내 목소리로 기타 치면서 노래하는 것을 녹음했다. 그러다가 자연의 소리인 새소리, 물소리, 파도소리, 바람소리, 여치 소리 등등 각종 다른 소리를 녹음해서 들었다.

그러던 어느 날 나는 우리 집 수탉이 정기적으로 운다는 사실을 알게 됐다. 그리고 우리 집 닭이 울면 온 동네 닭이 따라서 운다는 사실도 알게 됐다. 장난기가 많은 나는 녹음기를 들고 수탉이 있는 닭장으로 가서 수탉이 울기를 기다렸다. 좀 오래된 녹음기라서 버튼을 눌러서 4~5초 지나서 녹음되기 때문에 미리 수탉이 울려고 할 때 누르지 않으면 수탉 소리가 반만 잘려 나올 것이기 때문이다.

그래서 수탉을 뚫어지게 보고 내 손은 녹음기에 가 있었다. 어떤 때는 꼭 울 것 같은 모양을 취해서 녹음 버튼을 눌렀는데 울지 않았다. 이렇게 수탉과 한 시간 정도 씨름하고 나니 목이 말라서 녹음기를 두고 물을 먹으러 갔다. 물을 먹으려는 순간 수탉이 "꼬끼오"하고 우는 것이다.

먹던 물그릇을 놓고 달려가는 순간에도 수탉은 계속 울었다. 그런데 닭장에 도착해서 녹음기를 누르려고 할 때 울음은 그쳤다. 또 울겠지 하고 계속 기다렸으나 더 이상 울지 않았다. 성질이 원래 급한 내가 이렇게 오래 기다린다는 것도 기적이다. 30분이 지나고 1시간이 지나도 전혀 울 생각을 안 했다. 점심시간이 되어서 더 이상 기다릴 수 없어서 다시 방으로 돌아왔다.

점심을 먹고 쉬고 있는데 수탉이 우는 소리가 들려서 녹음기 들고 부리나케 뛰어갔다. 그러나 이번에도 내가 도착하자 더 이상 울지 않았다.

녹음기를 들고 아침에처럼 수탉을 째려보고 손은 녹음기 버튼에 가 있었다. 고개를 돌리는 시늉하며 우는 흉내를 내어 몇 번이고 버튼을 눌렀지만, 수탉은 울지 않았다. 또 한 시간 정도 흘렀을 것 같다.

어머님께서 부르셔서 삼촌 댁에 고구마를 갖다 주라고 해서 할 수 없이 바구니를 들고 대문을 나서서 삼촌 집 가까이 오는데 멀리서 우리 집 수탉 우는 소리가 연속적으로 들렸다. 그리고 이내 삼촌네 수탉과 함께 온 동네 수탉이 따라서 울기 시작했다. 은근히 화가 났다. 수탉 이 녀석이 나를 놀리고 있다는 생각이 들었다. 고구마를 작은어머니께 드리고 다시 집으로 돌아와서 닭장 앞으로 오니 수탉은 여전히 자신의 자리를 지키고 있었다. 이미 울음은 그친 뒤였다.

그래도 혹시나 우는 것 아닌가 싶어서 또다시 같은 동작으로 수탉 울기를 기다리고 있었다. 10분, 20분, 30분 쪼그려 앉으니 다리가 아파서 멍석을 깔고 기다렸다. 또 그 녀석이 몇 번 울 것 같은 동작을 해서 녹음기를 눌렀지만 허사였다.

그런데 "너 여기서 뭐 하는 거야." 하는 굵직한 남자 목소리가 들려왔다. 놀라서 돌아보니 5일 장에 가셨던 아버지께서 그날따라 조금 일찍 돌아오신 것이다.

순간 나는 당황했다. 그렇지만 특유의 둘러대는 솜씨로 "방안에만 있으니 너무 답답해서 밖에 나와서 영어 테이프를 들으려고요……"라고 했다.

"하필이면 왜 닭장 앞에서 그러냐, 냄새나는데."

"아예, 제가 닭띠라서 닭을 좋아합니다."라고 궁색한 변명을 늘어놓

세대간 장벽을 허무는 **왁르르 아재개그**

았다.

"날씨가 싸늘하니 너무 오래 있지 마라." 하시고 가셨다.

벌써 11월 중순인지라 낮이 짧아서 해가 서산 쪽으로 향하고 있었다. 하루 종일 닭장 앞에서 헛수고만 했고 가만히 생각해 보니 저 수탉 놈이 나를 놀리는 것 같은 기분이 들었다.

나는 지게 받침대 몽둥이를 들고 수탉에게 보복하려 닭장 안으로 들어갔다. 들어가자마자 비호같이 몽둥이로 수탉을 향해 내리쳤으나 녀석이 워낙 빨라서 피해서 반대쪽으로 달아났다. 그런데 다른 암탉들 여러 마리가 꼬꼬댁하고 소리를 크게 지르고 도망 다녔다. 순식간에 닭장이 아수라장이 됐다. 아무래도 아버지께서 다시 오실 것 같아서 보복을 멈추고 내 방으로 와 버렸다.

하루 종일 허탕만 치고 나니 분이 나서 씩씩거렸다. 그리고 방에 벌렁 누워버렸다. 잠시 후 저녁을 먹고 생각에 잠겼다. 우리 집 닭은 뭔가 눈치를 채고 있는 것 같았다. 그래서 다른 집 닭을 녹음할까 하다가 역시 그것도 문제가 되면 시끄러워질 것 같았다.

그래서 다음날은 다른 작전을 짰다. 가마니를 덮어쓰고 거기다 눈만 나오도록 구멍을 뚫고 살금살금 다가갔다.

닭이 쳐다보면 멈추었다가 다시 움직여서 닭장 근처까지 접근해서 꼼작하지 않고 있었다. 그리고 미라처럼 꼼작하지 않고 녹음기 버튼에 손을 데고 수탉을 감시했다.

드디어 수탉이 목을 움직이며 등을 들썩거리는 행동을 취하자 녹음기 단추를 눌렀다. 그리고 "꼬기요"하고 그렇게 기다렸던 수탉 울음소리를 들었다. 나는 가마니 속에서 감격해서 목이 메었다. 그리고 연이어서 수탉은 오늘따라 몇 번 더 우는 것 같았다.

녹음에 성공한 나는 초저녁에 자명종을 두 시 반에 맞추고 일찍 잠을 청했다. 그러나 내일 새벽일을 생각하니 흥분되어 막상 잠이 오지 않았다. 엎치락뒤치락하다가 잠이 들었고 이윽고 자명종 소리에 깨었다. 그리고 준비한 녹음기를 가지고 사랑채 마루에 나왔다.

내방은 부모님 주무시는 안채로부터 약간 떨어져 있어서 안심하고 마을 쪽으로 향하고 있는 사랑채 마루 끝에 녹음기를 놓고 볼륨을 최대한으로 올린 뒤에 재생 버튼을 눌렀다. 녹음된 닭소리는 고요한 시골 마을의 적막을 깨고 사방으로 울려 퍼졌다. 꼬끼오하고 세 번째 울었을 때 다른 집 닭들도 울기 시작하더니 온 동네 닭이 이제 심포니가 되어서 온 마을을 진동했다. 우리 동네는 약 20가호 되는 시골 마을로 모두가 20촌 이내의 씨족 마을이다. 그러다 보니 어떤 경우에는 초등학생인데 내가 할아버지라고 불러야 하는 꼬마도 있었다.

닭소리가 나자 집집마다 불이 커지고 아궁이에 불을 지피는 불빛까지 보이기 시작했다. 1970년대 시골에는 시계가 거의 없었다. 닭이 시계 역할을 하던 때라 모두들 일어나서 소 죽을 끓이고 아침을 준비했다. 유일하게 우리 집만 시계가 있었기 때문 우리 집은 닭소리로 일어나지 않으신다는 것을 잘 알고 있기에 나의 작전은 성공했다. 보통 닭은 4시 반이나 5시 사이에 첫닭이 우는데 그날은 2시 40분 정도에 모두 일어났으

세대간 장벽을 허무는 **완도로 아재개그**

니 평소보다 2시간 정도 모든 마을 사람이 일찍 일어나게 됐다. 한밤중 깨우기 작전 성공을 기뻐하며 그간 녹음의 고생이 한방에 날아가는 유쾌한 기분을 만끽했다. 그리고 나는 다시 잠자리에 들었다.

다음날 난 아침을 특별히 맛있게 먹었다. 식사가 끝난 후에 아버님께서 날 부르셨다.

"새벽에 별일 없었냐?"라고 하셨다.

작전 성공에 도취한 나는 "무슨 일이 있었습니까?"하고 능청스럽게 대답했다.

"새벽에 닭 우는 소리 말이야."라고 하셨다.

"닭이야 늘 새벽에 울지 않습니까?"라고 했다.

"정말 아무 일도 없었어?"라고 고함을 버럭 지르셨다. 아버지 얼굴을 쳐다보니 심상치 않았다. 노기가 등등하셨다. 그때서야 정보가 샜다는 것을 눈치챘다.

"예 장난으로 닭울음 소리를…"

"영어 공부하라고 사준 녹음기로 온 동네 어른들을 한밤중에 다 깨워놓고 그래 잠이 잘 오더냐?"

온 집안이 쩌렁쩌렁 울리는 화가 나신 목소리였다.

"잘못했습니다."

"잘못했다로 끝낼 문제가 아니야." 라고 고함을 치시면서

"그렇게 닭을 좋아하니 오늘부터 닭하고 살게 해주마, 따라와!"라고 하셨다.

나중에 알게 된 일이지만 그날따라 아버지께서 소변이 마려워서 밖

에 있는 요강에 볼일 보러 나오셨다가 나를 발견하신 것이다. 그때 이미 녹음기 닭소리가 거의 끝나갈 무렵이었다. 이미 사태를 파악하신 아버지께서는 나의 정직성을 테스트하시려고 그냥 두신 것이었다.

나를 데리고 가신 곳은 닭장이었다. 지금부터 여기 들어가서 닭하고 같이 살라고 하셨다. 나는 아버지께 "한 번만 용서해 주세요."라고 애걸복걸했다.

"어서 들어가."라는 고함소리가 커서 나는 닭장으로 들어갔다. 그리고 광에 채워둔 자물쇠를 가져오셔서 닭장에 채우셨다. 졸지에 나는 닭장 감옥에 갇혀버린 것이다. 나는 놀라서 "아버지 언제까지 여기 있어야 합니까?"라고 닭장 창살을 붙들고 물었다.

"4시간이다. 온 동네 사람을 두 시간 일찍 깨운 것과 거짓말한 것, 1시간과 영어공부 안 하고 닭 녹음한 것, 1시간 동안 닭과 함께 지내며 자기 잘못을 반성해."라고 하시면서 가버리셨다.

닭장이 감옥이 되어 버린 것이다. 난 역사책에서 배운바 있는 뒤주 안에 갇힌 사도세자를 생각했다. 사도세자가 얼마나 힘들었을까 하는 생각이 스치기도 전에 닭장에서는 이미 난리가 났다.

내가 들어 온 것을 안 수탉과 암탉들은 날기도 뛰기도 하다가 반대편에서 떼를 지어서 나를 향해 소리를 지르고 있었다.

수탉은 암탉들 사이에 둘러싸여 있었다. 갑자기 들어온 침입자에 대한 경계심과 적개심으로 가득 찬 눈으로 쳐다보고 있었다.

그리고 수탉은 나를 쳐다보고 이렇게 말하는 것 같았다.

"날 괴롭히더니 꼴좋다."

"헤이 감방장한테 신고해야지."

여행사에
걸려온 전화

호주 멜버른에 있는 어느 여행사에 근무하는 낸시에게 월요일 아침에 사무실로 전화가 걸려왔다. 낸시는 그날 남편과 대판 싸우고 나온 뒤라 기분이 잡쳐있었다.

낸시: 네, 하트여행사입니다.
손님: 비행기 예약 좀 합시다.
낸시: 어느 도시로 가시죠?
손님: 멜버른 갑니다.
낸시: 예? 아 그럼 다른 도시에서 전화하시는 겁니까?
손님: 멜버른에 살고 있소.
낸시: 그럼, 가족이 다른 도시에 있는데 멜버른으로 여행 오시는 것입니까?
손님: 아니오, 내가 멜버른으로 갈 것이요.
낸시: 아침부터 장난 전화받을 정도로 한가한 사람이 아닙니다. (전화를 끊는다) 재수가 없으려니 웬 또라이가……

세대간 장벽을 허무는 **와르르 아재개그**

수잔: 왜 그래.

낸시: 어떤 녀석이 멜버른 살면서 멜버른 간다고 예약하겠다고 했어….

수잔: 하여튼 이 멜버른도 변사또들이 많아졌어…….

낸시: 변사또가 무슨 뜻이야?

수잔: 응, 변태 사기꾼 또라이를 줄여서 변사또라고 하는 요즘 새로 나온 말이야. (전화벨이 또 울린다)

낸시: 하트여행사입니다.

손님: 손님 전화를 그렇게 막 끊어도 돼?

낸시: 장난전화 한 사람이 누군데 큰소리야?

손님: 장난전화는 누가 했다고 그래?

낸시: 아예 치매까지 걸렸군. (전화를 끊는다)

(다시 전화가 온다).

낸시: 여보세요.

손님: 당신들 장사 할 생각이 전혀 없네?

낸시: 계속 추태를 부리면 경찰을 부르겠다.

손님: 내가 경찰인데 뭘 또 불러.

낸시: 어쭈, 사기꾼이 경찰까지 사칭해.

손님: 사장 바꿔!

낸시: 내가 사장이다. 어쩔래.

손님: 단단히 뭐 잘못 먹은 모양인데. 이러고도 장사를 해. 마녀 같은 X아!

낸시: 너 같은 또라이 고객 X은 필요 없어. 전화 끊어.

수잔은 낸시와 함께 근무하는 직원이다. 낸시가 너무 열 받아 폭발할 것 같아서 이번에 자신 받겠다고 신호를 보냈다.

수잔: 하트 여행사입니다.

손님: 당신은 누구야?

수잔: 뭘 도와드릴까요.

손님: 사장 바꿔

수잔: 사장님은 자리를 비우셨습니다.

손님: 내 평생 이런 모욕은 처음이다.

수잔: 뭐가 필요하신지요?

손님: 여행사에 손님이 왜 전화하겠나?

수잔: 손님, 수수께끼 놀이 할 시간이 없습니다.

손님: 이 여행사가 완전히 코미디 하는 사람만 뽑았구먼.

수잔: 뭘 원하세요?

손님: 티켓이야.

수잔: 록 음악티켓은 다른데 알아보셔야지요?

손님: 무슨 얼어 죽을 록음악이야. 내가 원하는 것은 비행기 티켓이야.

낸시가 경찰에 전화로 신고하고 수잔 옆으로 왔다.

낸시: (귓속말로) 수잔, 일단 이름을 물어봐. 경찰에 연락했어.

수잔: 손님 죄송합니다. 아침에 너무 바빠서 정신이 없군요.

손님: 바쁘다고 손님을 엉망으로 대하면 돼!

수잔: 사과 드리겠습니다. 요새 일이 많아서 그러니 이해해주세요.

손님: 그래도 그렇지. 이거 나 원 참…….

수잔: 예약해 드리겠습니다. 손님 성함이 어떻게 되시지요.

손님: 피터 브라운이오.

수잔: 피터 브라운이시군요.

낸시: (귓속말로) 운전면허증 번호도 좀 불러 달라고 해

수잔: 운전면허증 번호 좀 불러주세요.

손님: 여권 번호를 불러야지 운전면허증 번호를 왜 불러

수잔: 공항에 주차법규가 바뀌어서 이제 운전면허증으로 예약해야 합니다. 운전면허증 번호 주시면 여권 번호까지 다 알 수 있어요.

손님: 알겠소, 번호는 MB3457156이오.

수잔이 번호를 따라서 하고 낸시가 번호를 적었다.

낸시: 조금만 더 말 시키고 있어 확인해볼게

수잔: 언제 여행을 하실 건가요.

손님: 5월 15일이오.

수잔: 혼자 가시나요.

손님: 혼자 출장 가는 겁니다.

수잔: (변사또가 경찰에다 출장까지……) 출장을 자주 가시는 모양입니다?

손님: 아니오. 이번 첫 출장이오.

수잔: 컴퓨터 서버에 부하가 많이 걸려서 시간이 걸리고 있으니 조금만 더 기다려 주세요. 낸시가 조회결과를 가지고 돌아왔다.

낸시: (귓속말로) 조회 결과가 막 나왔어.

수잔: (수화기 막고) 전과 몇 범이냐?

낸시: (귓속말로) 이 녀석이 경찰 간부를 사칭하고 있는데.

수잔: (수화기 막고) 뭐라고! 그럼 희대의 사기꾼이야!

손님: 그럼 예약이 다 끝난 건가?

수잔: 지금 계시는 곳 좀 알려주세요.

손님: 예약하는 데 왜 주소가 필요하지요?

낸시가 이제 수화기를 달라고 해서 손님과 통화한다.

낸시: 손님, 주소가 운전면허 주소지와 같은지 확인하려고요.

손님: 이건 또 뭐야. 듣던 목소린데.

낸시: 아까는 실례했습니다.

손님: 당신이 사장이라며…

낸시: 좀 흥분을 했나 봅니다.

손님: 그래 가지고 무슨 사업을 하겠나?

낸시: 등록된 주소에서 지금 전화하시는 건가요?

손님: 당신이 있으면 그 회사 망할 것 같아.

낸시는 순간 욱하는 감정이 폭발했다.

낸시: 무슨 개소리 하는 거야! 사기 치고 있는 주제에.

손님: 갑자기 이 여자 왜 이래.

낸시: 게다가 경찰 간부까지 사칭해…! 조금만 기다려! 경찰이 들이닥칠 테니까.

손님: 내가 경찰인데 들이닥치기는 누가 들이닥쳐?

낸시: 싸이코도 경찰이 될 수 있냐?

손님: 싸이코라니?

낸시: 멜버른에 살면서 멜버른 간다고 예약해달라니 싸이코지.

손님: 헉…….

낸시: 무슨 소리야. 집에 강도라도 들었나?

손님: ㅋㅋㅋㅋㅋㅋㅋㅋ

낸시: 드디어 본색을 드러내는군. 변사또, 너 정신병원에서 방금 나왔지?

손님: 정신병원에 가야 할 사람은 당신이요.

낸시: 뭐? 하기야 변사또가 스스로 변사또라고 절대 안 하지….

손님: 변사또가 이제 정식예약하겠소. 잘 들으시오.

낸시: 정신병원 주소나 불러라.

손님: 내가 갈 목적지는 미국 플로리다 멜버른이요. 난 멜버른 경찰청 피터 브라운 경위로 출장차 거기에 갈 예정이요.

낸시: 헉……! 이럴수가…. 아! 어쩌나…. 어떻게 이런 일이!……! 손님, 죄송합니다.

플로리다 멜버른은 플로리다주 중부 동쪽에 위치한 도시로 우주선 발사로 유명한 케이프 커너버럴과 인접한 도시로 플로리다 공과대학이 위치한 아름다운 해변도시이다.

위 내용은 실화를 바탕으로 재구성하였습니다.

심야의 한미간의 설전

미국 유학 온 지 어느덧 만 5년이 지났다.

유학 중 미국을 좀 더 알기 위해서 룸메이트를 미국인 친구로 두고 친하게 지나면서 어느 정도 미국 대학생들의 생각과 실태를 파악할 수 있었다. 그 이후에는 미국 사람들이 사는 집에 방을 빌려 같이 사는 기회도 있어서 어느 정도 그들의 삶을 직접 체험했다. 이제 어느 정도 미국이란 나라를 좀 이해한 것 같기도 하다.

유학 와서 3년이 지나 결혼을 한 뒤에는 아내를 외롭게 할 수 없어서 이제는 한국 유학생들과 자주 만나는 시간을 가지게 됐다. 밤 운전을 싫어하는 난 보통 낮에 운전하고 밤에는 잘 운전을 안 하는 편이다. 그러나 유학생들의 임원 모임이 새벽 한 시까지 있는 바람에 난 늦게 혼자 차를 몰고 집으로 향하고 있었다.

그날따라 집에서 상당히 먼 거리에서 모임이 있어서 돌아오는 길이 지루하게 느껴졌다. 빨리 집에 가야겠다는 생각에 도로를 질주하고 있다.

4차선 도로를 꺾어서 지름길로 갈려고 2차선 도로로 진입했다. 숲이 우거진, 정말로 낮에도 인적이 드문 곳이다. 그런데 앞에 승용차 한 대

세대간 장벽을 허무는 **와그르 아재개그**

가 천천히 가고 있었다.

막 추월을 하려고 하는데 신호가 빨간불로 바뀌면서 교차로가 나타났다. 순간 혹시나 양옆에서 차가 나타날 수 있다는 생각에 추월을 멈추고 잠시 기다렸다. 양옆을 보고 앞을 보아도 개미 새끼 한 마리 없는 그야말로 산속 깊이 들어온 느낌이 들 정도로 조용한 지역이었다. 나는 당연히 앞차가 갈 것으로 생각해서 엑셀를 서서히 밟았는데 꿈쩍도 안 했다. 하마터면 앞차를 받을 뻔해서 브레이크를 밟는 순간 나도 모르게 클락션을 눌렀다.

차 엔진 소리만 들리는 숲 속에서 클락션 소리는 크게 들렸던 모양이다. 앞차의 브레이크 등이 켜지더니 40대 정도로 보이는 건장한 백인이 차에서 내리더니 나에게 다가왔다. 나는 차 유리를 내렸다.

미국에서 클락션을 사용하는 것은 매우 조심해야 한다는 것을 알고 있었다. 그래서 순간 나도 모르게 나오는 일이라고, 사과하려고 하는데 이 친구가 농담을 던지는 것이다.

"내 귀는 정상이라 검사할 필요가 없소."라고 했다. 나도 농담이라면 한국에서부터 한가락 하던 사람이라서 "나는 이비인후과 면허가 없는 사람이요."라고 맞받아쳤다.

내 영어를 듣더니 당장 외국인인 것을 알고 어디서 왔는지 물었다. 코리아에서 왔다고 당당하게 이야기했다. 백인은 너희 나라에서는 빨간불이 가는 신호냐고 농담 반, 빈정거림 반의 말을 던졌다.

농담으로 받아들여 재반격하려고 잠시 머뭇거렸다. 시간을 벌기 위해서 안전벨트를 천천히 풀고 일단 차 문을 열고 나겠다. 한국의 이미지가 먹칠하면 안 되기에 여기서는 진지한 모드로 나갔다. 물론 파란불에 가고 빨간불에 서야 한다고 했다.

그럼 왜 빨간불인데 클락션을 누르냐고 했다. 농담을 던지길래 그냥 넘어갈 것으로 생각한 나는 시동도 끄지 않고 나왔는데 걸고넘어지려는 의도가 역력함을 눈치채고 차 시동 좀 끄고 이야기하자고 하고 다시 운전석에 앉았다.

내 차는 10년이 넘은 300불짜리 올스모빌(GM)이었다. 머플러 쪽이 오래되어서 시끄러운 소음이 났지만 나는 차일피일 고치는 것을 미루다 보니 소음이 난 지 벌써 한 달이 넘은 것 같다. 시동을 끄니 탱크 소리와 같은 소음이 멈추고 적막이 흘렀다.

그리고 차 문을 열고 밖으로 나갔다. 그때 어디서 나타났는지 경찰차가 점멸등과 함께 이웃집 사람들이 한두 명씩 나오기 시작했다. 누가 빠르게 신고하자 근방에 순찰 중이던 경찰이 연락받고 들이닥친 것 같았다.

밤 1시에 머플러가 고장난 배기통으로 시끄러운 엔진 소리가 계속 나고 말소리가 근처 집에 들렸을 것이다. 무슨 시비가 붙었나 하고 이웃에서 신고했음을 직감적으로 알 수 있었다.

경찰까지 오고 이거 문제가 커지겠다고 직감했다. 괜히 코리아에서 왔다고 했나! 차라리 일본이나 중국에서 왔다고 해야 나라 망신은 안 당할 텐데 하는 이상한 애국심도 발동하기 시작했다.

경찰이 오자 이 백인 운전사가 유창한 영어로 지금까지 상황을 경찰에게 이야기하였고 어느새 일곱, 여덟 명으로 늘어난 이웃사람들도 듣고 있었다.

이 미국 땅에 와서 완전히 개망신당하고 나라 망신까지 시키는 것 아닌가라는 불안감이 엄습했다. 자초지종을 들은 경찰은 나에게 왜 클락션을 눌렀는지 거의 취조에 가까운 말투로 물었다.

나는 시골에서 논농사와 고기잡이와 온갖 고생을 다 해보고 자란 배경이 있어서 어디 가도 기죽지 않고 살아왔다. 투철한 위기관리 능력이 있었다고 자부를 해 왔는데 이렇게 많은 본토 사람들을 앞에 놓고 범법자 취급을 당하면서 이유를 설명해야 하는 막다른 골목에서 과연 내가 위기를 모면할 수 있을지 자신이 없었다.

미국 사람들은 한국이 어디에 있는지도 모르고 그저 한국전쟁만 기억하는 사람이 아직도 많다. 물론 현대와 삼성이 들어와서 이미지가 많이 바뀌었지만, 이 시골에는 현대와 삼성이 한국 기업인지 모르는 사람도 많다. 자신의 원조만 받는 불쌍한 나라로 기억하고 있는 이들이 얼마나 고자세로 나를 바라보겠느냐는 생각이 들자 예상치 않은 정의감과 약소국의 서러움이 깔린 애국심이 내 속에서 올라왔다.

순간 나는 호주머니에서 동전을 두 개 꺼냈다. 그리고 경찰에게 동전하나와 다른 동전 하나를 더하면 몇 개가 되느냐고 물었다.

그 경찰은 지금은 근무 중이라서 게임을 할 시간 없다고 묻는 말에 대답하라고 강압적으로 이야기한다. 그러자 난 이 대답이 왜 내가 클락션을 눌렀는지와 관계가 있으니 이유를 알고 싶으면 네가 대답하라고 딴청을 피웠다.

그러자 경찰은 무서운 얼굴로 만약 관계가 없는 일이 되면 당신은 공무 방해죄가 추가되어 체포와 동시에 경찰서에 연행될 것이라고 엄포를

놓으면서 무서운 얼굴로 변해있었다.

순간 이 일이 잘못되면 일이 커지겠구나 하는 불안감이 엄습했다. 그러나 이미 루비콘 강을 건너버렸다. 나는 단호하게 관계없다면 공무방해죄로 체포해도 좋다고 말했다. 그러자 경찰은 2개라고 대답했다.

그때부터 나는 미국사람들 앞에서 평소 불만스러웠던 나의 생각을 쏟아냈다.

"1+ 1이 2라고 하는 법은 당신들이 초등학교 때 수학 시간에 배운 것이요. 그러나 항상 그 답이 옳은 것은 아니라는 것을 보여 주겠소."

그리고 트렁크로 가서 페트병 병마개 두 개와 물이 든 물병과 빈 페트병 하나를 가져왔다. 물을 많이 마셔야 하는 체질이라서 트렁크나 차 안에 페트병 물을 충분히 가지고 다녔다.

모두들 동양에서 온 녀석이 무슨 마술을 보여서 속이려나 하는 눈치였다. 그러나 난 미국인은 남녀노소를 막론하고 특이하고 기이한 행동에 호기심을 가지고 있다는 것을 잘 알기에 서두르지 않고 시범을 보이기 시작했다.

유창하지 못한 영어 실력이면 이렇게 눈으로 보여 주는 것 이상 좋은 것이 없다. 우선 2개의 물병 뚜껑에 물을 부었다.

"지금 여기 두 개의 물병 뚜껑이 있습니다. 그리고 2통의 물을 더하겠소. 그리고 물병 뚜껑에 있는 물을 빈 병 속에 부었다. 물은 하나가 되었습니다. 보다시피 여기서는 1+1은 1이 되었습니다.

남자와 여자가 만나서 아기가 태어나면 1+1은 3이 됩니다. 세포분열을 막 하려고 하는 세포를 2개 더하면 1+1가 4가 되지요. 그리고 세포분열이 계속 순식간에 일어나면 그리고 6도 되고 8되고 5도 되고 어떤 수도 될 수 있습니다.

1+1은 2라는 일반법칙이 맞지 않는 경우가 발생합니다. 우리 생활 속에서는 1+1이 1, 2, 3, 4, 5, 6… 거의 모든 수가 될 수 있는 경우가 발생합니다."

그러자 이웃사람들끼리 약간 웅성거리는 소리가 들렸다. 마술이 아니어서 실망스러운 표정과 함께 1+1이 2가 아니고 무수하게 답이 많다는 내용에 호기심을 가지는 느낌인 것 같았다.

나는 호흡을 고르고 계속 이어 나갔다.

"이처럼 우리가 진리인 것처럼 알고 있는 1+1= 2도 때로는 현실과 맞지 않을 때가 있는 것처럼 빨간불일 때 서야 한다는 법칙도 마찬가지로 항상 옳은 것은 아닙니다. 급한 환자를 실은 구급차는 빨간불에 그냥 지나갑니다."

1+1 =2라는 법이 해당하지 않는 1, 3, 4, 5, 6, 7… 경우를 법으로 다 만들 수 없듯이 빨간불에 서야 하는 법이 해당하지 않는 모든 경우를 법으로 다 만들 수 있겠느냐? 라며 이야기했다.

그러자 그 백인 운전사는 "1+1의 경우는 결과가 많은데 동의하지만, 신호등인 경우에 법이 그렇게 복잡하지 않기 때문에 비유가 적절치 않은 것 같다."고 반격했다. 즉, 빨간불에 지나가야 하는 예외적인 경우는 구급차, 소방차, 경찰차 외는 없다고 했다.

나는 의외의 반격에 순간 당황스러웠지만, 정신을 차리고 말을 이어 갔다.

"당신은 지금 간단하고 단순하다고 했는데, 과연 그럴까요? 예를 들어 보겠소. 만약 애완동물이 피를 흘리고 죽어가고 있으면 어떻게 하겠소? 당신들 현재법에 의하며 피를 흘리고 죽어 가고 있어서도 빨간불을 통과하지 못하게 되어 있소. 왜냐하면, 이에 관한 법이 없기 때문이요.

이런 일이 자꾸 생길 때 가족 같은 애완동물이 죽어가는 경우가 자주 발생하면 드디어 법안을 만들어 통과시키려고 검토하지 않겠소? 가족이 죽어가는데 빨간불에 설 수 있겠는가. 그래서 법을 개정한다고 고려해 봅시다. 먼저 어디까지 애완동물인지 구분을 해야 합니다.

개, 고양이, 토끼, 햄스터는 흔히 있는 애완동물이지만 도마뱀, 뱀, 거북, 개구리, 독수리, 여치, 귀뚜라미 등을 애완동물로 키우는 사람들이 있지요. 그래서 원칙대로 하면 모든 동물을 일일이 수백 종이 넘는 동물을 다 분류하여, 되고 안 되는 것을 언급해야 합니다. 그리고 현재 죽어가고 있는 애완동물이 자신의 집이 아닌 다른 친척 집에 있을 때 도움을 주려고 운전할 때 적용이 되는가, 친척은 몇 촌까지 허용되는가.

친구와 이웃은 되는가? 빌려온 애완동물인 경우는 어떻게 되는가? 애완동물 외도 가축은 안되는가? 되면 가축 중에서 어떤 동물은 되는가? 등등 아마도 이 신호등 법 하나만 제정해도 법전이 미국 땅을 다 덮을 것입니다.

여러분들은 문제가 생길 때마다 법을 고치거나 추가하면 완벽한 법이 되어서 지키면 된다고 생각하지만, 결코 모든 법을 다 만들 수 없습니다. 그래서 가장 통용되는 법만 두고 예외적인 경우는 상식과 사회적 불문율로 해결한다고 우리는 생각합니다.

그래서 법은 가장 일반적인 경우만 만들고 나머지는 사람들이 동의하고 인정할 수 있는 상식을 적용하며 살아간다고 우리는 믿습니다.

이 시간에 빨간불 앞에 서야 한다는 일반법칙일 것이오. 그러나 이 법칙은 결코 모든 경우에 다 옳은 것은 아닙니다. 마치 1+1이 항상 2가 아니듯이….

새벽에 사람도 없고 개미 한 마리도 기어 다니지 않는 상황은 꼭 서야 할 경우가 아닌 마치 1+1은 1이 될 수 있는 경우라고 봅니다.

당신들은 1+1=2라는 법칙이 완벽하다고 생각해서 빨간 불에 섰지만 난 법은 완벽하지 않다고 믿고 사람의 상식이 적용되어야 하는 경우라고 생각했다. 마치 1+1= 1은 될 수 있는 것처럼….

대한민국은 기름 하나 나지 않는 나라입니다. 새벽 한 시에 전혀 사람도 차도 보이지 않는 시간에 차가 신호등 앞에 서 있으면 국가 경제에 손실이 큽니다. 우리나라는 이 시간에 이렇게 한적한 곳은 그냥 갑니다. 그래서 안가는 앞에 차를 향해 나도 모르게 클락션을 눌렀지요.

우리나라는 옆집 고양이가 똥을 쌌을 때 얼마를 벌금 내라는 법은 없습니다. 이웃 고양이는 우리 집 고양이 친구고 친구 고양이 역시 우리 고양이처럼 생각합니다. 자기 고양이를 소송할 이유가 없지요.

남의 집 고양이가 내 집에 똥 쌌다고 고소 고발하는 법까지 만드니 당신들 나라의 법전이 많아져서 트럭으로 실어 날라야 할 지경이 되지 않았소. 그리고 매일 고소를 해대니 변호사만 좋은 일 시키고 고소·고발하면 이웃 간에 원수가 되지 않소? 사람 위에 법이 결코, 있지 않습니다."

나의 설명은 끝이 났다.

나의 발음은 형편없이 투박했지만 하고 싶은 말을 거침없었다. 미국에 와서 느꼈던 나의 생각을 새벽 1시에 미국 청중 앞에서 마치 연설을 하고 있는 것 같았다. 그들은 우리나라를 항상 전쟁과 결부시켜 못살고 가난한 나라로 여겨왔다. 이로 인하여 쌓였던 울분이 씻겨 내려가는 것 같은 후련한 마음이 들었다.

그들은 진지하게 듣고 있었다. 내가 어떻게 이런 말을 했는지 알 수도 없었다. 사람이 궁지에 몰리면 예기치 않게 발휘되는 능력 같은 것이 있나 보다.

어쨌든 나의 설명은 끝났다. 그러자 나에게 농담을 걸었던 운전사가 박수를 치며 엄지손가락을 치켜세웠다.

"평생 내가 한 번도 생각도 해 본 적인 없는 아주 인상적인 연설이었습니다. 한국사람들의 생각을 이해시켜주어서 고맙습니다. 우리 미국 사람들이 들어야 할 내용을 멋있는 비유로 설명을 잘해 주었습니다."

"만약 당신이 정치가로 나갔더라면 내가 한 표 찍었을 것이요. 외국인이지만 아주 명연설이오."라고 미소 지으며 나에게 가까이 다가왔다.

그리고 자신의 이름을 이야기하고 악수를 청하면서 내 이름을 물었다. 듣고 있던 경찰도 "당신은 미국 법을 어겼지만, 당신이 말한 1+1 =1 상식을 적용해서 그냥 보내 주겠소." 라고 웃으며 미소 지었다.

그리고 좋은 밤이 되라고 하며 작별인사하였다. 그리고 자신들이 타고 온 경찰차에 몸을 싣고 근무지로 돌아갔다. 또한, 같이 구경했던 근처의 미국사람들도 좋은 시간이었고 재미있는 해석이라고 했다. 그리고 행운을 빈다고 하고 다 집으로 돌아갔다.

상식과 논리가 통하는 나라. 서로 다름을 때로는 존경하리만큼 존중해 주는 나라, 미국의 참모습을 다시 한 번 볼 기회를 가진 셈이다. 그들의 태도를 보고 나는 이것이 미국의 매력이고 저력이라는 것을 뼈저리게 깨닫게 됐다.

마지막까지 남아 있던 그 운전사는 나에게 끝까지 농담을 던지고 갔다. "오늘 난 귀 검사 잘한 것 같소. 당신은 이비인후과 무면허 의사지만 돌팔이는 아니었소." 하고 손을 흔들며 떠났다.

그 후에 그곳에는 심야만 되면 노란색 점멸신호로 바뀌는 신호등이 들어섰다.

◇◇◇

어느 길치 남편을 둔
아내의 수난

내 남편은 길치 중에서도 올림픽 금메달감 길치이다.

고등학교 때 골목이 많은 친구 집을 자주 놀러 갔었다. 갈 때마다 친구 집 근처에 골목길에 근처에 세워둔 리어카를 보고 친구 집을 찾아가곤 했었다고 했다.

한번은 누군가 그 리어카를 치워버렸는지 리어카가 보이지 않았단다. 남편은 1시간을 골목길을 헤매다가 결국, 친구 집을 찾지 못하고 돌아왔다고 했다.

그렇지만 신기하게 바둑은 잘 둬서 내 남편을 이기는 사람은 몇 사람 없다. 바둑길과 찻길은 다른 모양이다.

지금은 미국 유학차 남편과 나는 미국에 살고 있다. 미국처럼 길을 알기 쉽게 찾을 수 있는 나라도 많지 않은데 남편은 이곳에서도 여전히 길눈이 어두워서 운전이 서툴렀다.

어느 날 남편이 운전하고 내가 길을 가르쳐주며 간 적이 있었다. 운전하면 긴장부터 하고 옆 사람 말이 잘 듣지 않는 모양인지 오른쪽으로 꺾으라고 했는데 계속 직진하고 있었다. 차를 거북이처럼 운전하다

보니 견디다 못해 뒤차들이 경적을 울리고 지나갔다. 그 이후에는 늘 내가 운전을 했다.

그러나 이번에는 달랐다. 아랫배가 아프기 시작했다. 분명 첫아이 출산의 시작을 알리는 진통이 시작되었다. 그런데 진통은 의외로 강하고 계속 빨라지고 있었다. 사태가 위급하다는 느낌이 들었다. 마침 남편이 집에 같이 있었다.

남편이 차를 운전하고 나는 뒷좌석에 앉아서 아픔을 참으며 병원에 도착하기만 애타게 기다렸다. 대학병원은 우리 집에서 10분도 안 되는 거리에 있었다. 그리고 대학병원은 남편이 매일 다니는 대학과 그리 멀지 않은 곳에 있었다. 그런데 10분이 지난 것 같은데 병원은 보이지 않고 남편은 계속 운전을 하고 있었다.

나는 진통에 못 이겨 앓는 소리를 내고 있었다. 10분이 지나고 또 10분이 지난 것 같은데 차는 계속 달리고 있었다. 정신을 차려보니 남편은 식은땀을 흘리며 계속 운전하고 있었고 바깥을 보니 14번가에 있는 세븐 일레븐(편의점)이 보였다.

우리 집 근처였다.

화가 머리끝까지 올라왔다.

"이 길치야 병원 가자고 했지 집으로 가자고 했냐. 차 세워!!" 나는 앙칼진 목소리로 고함을 질렀다.

남편은 구급차를 불러야겠다고 했다.

"구급차 오기 전에 애 나오겠다. 저리 비켜!"

남편의 부축으로 겨우 차에서 내려서 운전석으로 옮겨 탔다. 이제 운전대 주인은 내가 됐다. 정신이 혼미해지고 통증으로 앓는 소리가 나왔다. 여기서 멈추면 두 생명이 끝장날 것 같았다. 벼랑 끝에 와 있는 느낌이 들었다. 미국땅에서 죽을 수 없지 라는 강한 의지력이 발동하기 시작했다. 나는 비장한 마음으로 오른손에 힘을 주고 기어를 D로 옮겼다. 그리고 액셀을 밟았다.

차를 운전하면서 이빨을 평생 그렇게 악물어 본 적이 없었다. 다행히 가는 길에 차가 많지 않았다. 병원에 도착하자 나는 안도의 한숨을 쉬었고 정신이 가물거리기 시작했다. 그러나 진통으로 인한 괴로움이 강하게 엄습했다. 남편이 응급실로 뛰어가서 사태가 급함을 알렸다.

사태가 긴박함을 눈치챈 병원 간호사들과 직원들의 발걸음 소리가 복도를 울리고 있었다. 간호사들이 응급실에 있는 침대에 내 몸을 눕힌 뒤에 분만실로 옮겨졌다.

다행히 길지 않은 산고 끝에 건강한 사내아이가 태어났고 나도 별 탈 없었다. 며칠 지나서 병원 응급실에 근무하시는 분이 나의 병실을 찾아왔다.

이 병원이 생긴 이래로 임산부가 운전하고 출산하러 온 것은 내가 처음이라고 했다. 대단한 여자라고 칭찬을 아끼지 않았다. 씩씩한 대한민국 여인의 기상을 미국 땅에서 어김없이 보여 준 것 같았다.

이제 많이 회복되고 마음도 안정됐다. 내 옆에서 간병인 역할을 한 남편은 여전히 미안해하는 기색이었다. 순산으로 인해 나는 남편에 대한 원망이 많이 누그러져 있었다.

""미국에는 리어커도 없는데 도대체 뭘 표시판 삼아 다닌 거야?"라고 남편에게 부드러운 목소리로 물었다. 남편은 지난 이야기를 들려주었다.

"평소에는 늘 동냥하던 홈리스(미국 거지)보고 방향을 잡아서 대학 쪽으로 운전하고 다녔지. 그 날도 역시 그 거지가 있길래 안심하고 그 길로 계속 갔지. 그런데 대학병원은 나오지 않고 한 번도 가본 기억이 없는 길이 막 나오는 거야. 그래서 다시 돌아왔다 다시 갔다 하면서 완전히 방향을 잃어버렸어. 어휴, 생각만 해도 끔찍해."

그럼 그 거지는 도대체 어떻게 된 거냐고 내가 물었다. 그러자 남편 왈 "나중에 알고 보니 그 날은 건너편 길에서 동냥하고 있었어."

이 이야기는 실화를 바탕으로 재구성하였습니다.

신조삼모사

조삼모사의 유래는 이렇다. 송나라의 저공이 원숭이들에게 "먹이가 부족하니 너희들에게 주는 도토리를 아침에 3개, 저녁에 4개로 줄이겠다."고 말하자, 원숭이들이 들고 일어난다.

　그러자 저공이 원숭이들에게 "그러면 도토리를 아침에 4개, 저녁에 3개로 주겠다"고 하자, 무식한 원숭이들은 총 갯수가 같음도 모르고 신나있는 것을 말한다.

　조삼모사는 눈앞에 보이는 차이만 알고 결과가 같은 것을 모르는 어리석음을 비유하는 고사성어이다. 조삼모사 만화는 고병규 선생님에 의하여 그려진 2컷짜리 만화로 권력과 힘 앞에서 쉽게 자신의 선택을 바꾸는 현대인을 패러디하여 해학적으로 묘사한 만화이다.

　신조삼모사는 시대에 흐름에 편승하는 최근 현대인의 모습을 만화로 그려내어 웃음을 자아낸다.

애완동물1

애완동물2

용감한 조종사

세대간 장벽을 허무는 **와르르 아재개그**

지하철

술 취한 조종사

술을 마신 뒤 항공기를 운행하려던 기장이 음주단속에 걸렸다. X일 오전 X시 X분 출발 예정이던 김해발 인천행 xx항공 xxxx편 A 기장은 공항게이트에서 탑승기로 이동 도중 국토해양부의 불시 음주운항 단속에 발각되어 운항이 정지되었다.

A 기장은 6차례에 걸친 음주측정 결과 최고 혈중알코올농도가 면허정지에 해당하는 0.067였고 2, 3차례 수치는 0.038% 정도였다. 항공법상 면허정지 수치는 0.04%이다.

일반 차량 운전자에게 적용하는 도로교통법상 면허정지 수치는 0.05%다. A 기장은 "믿을 수 없다."며 채혈 측정을 요구했다. A기장은 "어제저녁 반주 정도로 술을 마셨다."라고 주장하였다. 항공사 측은 즉시 A기장 대신 다른 기장으로 교체했다. 하지만 탑승객 112명은 1시간 이상 지연된 오전 X시 X분에야 김해공항을 출발할 수 있었다.

세대별

아재개그

유머 역시 세대간의 경험과 자란 배경이 달라서 이해의 폭이 다르다. 질문유머는 크게 3가지로 분류될 수 있다. 신세대에만 통하는 유머, 부모세대만 통하는 유머 그리고 신세대와 부모세대에 모두 통할 수 있는 유머로 나눌 수 있다.

　이 책에서는 가능한 부모세대와 신세대에 모두 통할 수 있는 유머에 많이 할애하였다. 그러나 부모세대와 신세대에만 통할 수 있는 유머가 엄연히 존재하기 때문에 다른 세대를 이해하기 위하여 특별한 노력을 기울여야 한다. 부모세대들은 한자 문화의 영향으로 사자성어에 강하지만 신세대들은 오히려 영어와 IT 용어가 들어간 유머에 웃음을 짓는다.

　그리고 부모세대는 연예인들의 이름을 잘 모르기 때문에 신세대들이 웃는 코드에 같이 웃을 수 없다. 마찬가지로 중구난방과 같은 한자어에 익숙하지 않은 신세들은 이런 아재개그에 미소 지을 수 없다. 같이 웃기 위해서는 세대를 이해하려는 노력과 정성이 필요하다. 가정과 직장이 웃음꽃으로 만발하기 원한다면 다른 세대의 문을 두드려보자.

신세대만 통하는 유머

1 정지훈이 불장난하고 있을 때 김태희가 타이르는 말은?

2 김태희가 제일 싫어하는 여자는?

3 롯데리아가 세계무대에서 맥도날드에 도전장을 내면은?

4 노키아 핸드폰 별것 아니네를 네 글자로 하면은?

5 내가 마시는 차란 말이냐를 영어로 하면은?

6 김태희의 호기심을 자극하는 악기는?

7 국 끓이는 법을 세 글자로 하면은?

8 와이파이가 가장 잘 터지는 곳은?

9 유비를 능지처참하면은?

10 D가 바다 가운데 빠지면은?

11 배가 안전한가 검사하면은?

12 토끼에 관해 얘기하겠다

13 OPㄴ?

14 박민영, 박신혜, 박보영, 박한별이 함께 있는 곳은?

15 피비린내 나는 두목과 카톡을 하면은?

16 이소룡이 용과 싸우면 용쟁호투, 소와 싸우면?

17 디시(디시인사이드) 갤에 불만이 없는 민족은?

18 양상국이 서울 관광을 쉽게 끝내고 하는 말은?

19 개그맨 김준현이 가장 싫어하는 꽃은?

20 하루도 거르지 않고 모두 다 울었다를 영어로 하면은?

21 새로 맞춘 틀니로 밥을 먹는 충청도 노인에게 하는 말은?

22 크게 될 사람만 뽑는 회사는?

23 속이 거북한 오리를 영어로 하면은?

24 독수리가 마구 때리면은?

25 미국을 사는데 드는 비용은?

26 뒤집어진 BMW가 그래도 비싼 이유는?

27 미라가 커지면?

28 로그인하는데 존재하지 않는 아이디라고 할 때 반응은?

세대간 장벽을 허무는 **왁트르 아재개그**

부모세대만 통하는 유머

29 때밀이에게 몸을 뒤집으며 하는 말은?

30 많은 사람들이 화를 냄을 네 글자로 하면은?

31 어떤 사람들은 식사할 때마다 땀을 흘린다. 그 이유는?

32 죄수들로 구성된 대규모 병력을 네 글자로 하면은?

33 뱀파이어들 모여서 만든 마피아집단의 이름은?

34 대머리 술주정뱅이는?

35 얼음에 얼린 맥주 사 줘를 네 글자로 하면은?

36 칼 마르크스가 제일 싫어하는 번호는?

37 독립심이 강한 폰트는?

38 승병들의 말 중에 가장 높은 말은?

39 오른쪽이 불에 타버린 호랑이를 네 글자로 하면은?

40 투고한 원고 분량이 엄청나게 많음을 네 글자로 하면은?

41 스님이 히터를 구하면은?

42 달 앞쪽은 밝다고 하더라를 네 글자로 하면은?

43 연예인이 가지고 있는 자신의 연기철학을 네 글자로 하면은?

44 이탈리아 소방수들이 한국에 오면 절대로 안 사는 물건은?

45 낡은 병이 반출되는 순간 군인들이 모두 일어선 이유는?

46 매달 첫 번째 토요일에 신는 신발은?

47 푸른 서울의 하늘을 다른 말로 하면은?

48 식목일 전날을 네 글자로 하면은?

49 역대 올림픽에서 가장 성적이 좋은 세 나라를 네 글자로 하면은?

50 박 씨와 이 씨는 다음 기회에 도전바람

신세대와 부모세대에
모두 통하는 유머

51 소가 해외 나갈 때 필요한 것은?

52 먹고사는 일에 대해서 잘 알려면 뭘 먹어야 할까요?

53 박쥐의 고향은?

54 총쏘기가 직업인 사람을 두 글자로 하면은?

55 사과를 잘 베어 먹는 형님은?

56 고구마밭 주인이 싫어하는 사람은?

57 무가 새에게 자기소개할 때 하는 말은?

58 고양이를 건네주며 하는 말은?

59 BMW 새 차에 싸구려 부품을 쓰는 이유는?

60 스님이 황달에 걸리면은?

61 흥부가 교과서 예문에 처음으로 등장한 시기는?

62 깡통 여러 개를 마구 때림을 네 글자로 하면은?

63 새가 피곤해함을 네 글자로 하면은?

64 소풍 가는 학생에게 삶이 뭐냐고 물으면?

65 정약용이 죽은 이유는?

66 간단한 병은 폭력을 사용해서 고치는 병원의 슬로건은?

67 세상에서 제일 쉬운 수는?

68 전국에 있는 말이 일제히 주인의 말을 듣지 않고 이동을 거부한
이유는?

69 두 여자와 결혼을 해야 한다고 우기는 남자는?

70 조선의 인조 시절에 내시들의 취침시간은?

71 100% 웃을 수밖에 없는 글은?

72 산에 올라가서 거사를 모의함을 네 글자로 하면은?

73 고려대학교 정문에서 티켓을 나누어 주는 물고기는?

74 불이 옮겨붙은 쥐가 이리저리 뛰어다니다를 네 글자로 하면은?

75 감옥에서 차를 마시면은?

76 소 두 마리가 슬피 울면은?

77 과일 중에서 유독 복숭아가 잘 상하는 이유는?

78 토박이 한국인이 재미가 없는 이유는?

79 성씨 중에서 가장 달콤한 성씨는?

80 세상에서 제일 오래된 치킨은?

81 식인종이 좋아하는 피자는?

82 스님이 웃통을 벗고 있는 절은?

83 부침개가 갈 자리는?

84 뜨거운 간을 식힐 수 있는 곳은?

85 도를 이해하고 전하는데 천부적 소질이 있으면은?

86 진수성찬을 영어로 하면은?

87 우주가 물에 잠기면은?

세대간 장벽을 허무는 왔트트 아재개그

88 "도를 아십니까"라고 하는 사람들이 모이면은?

89 팥이 목이 마를 때 콩에 하는 말은?

90 위장이 가장 편하게 쉴 때는?

91 불법 장기매매가 심하게 일어나고 있는 곳은?

92 윈도우7이 때때로 먹통 되어 답답한 이유는?

93 배터지게 먹었더니 블라우스 실밥이 터졌다를 두 글자로?

94 무례하고 건방진 사람들은 들어갈 수 없는 건물은?

95 폭우가 심하게 쏟아질 때 꼭 필요한 사람은?

96 부엌칼에 너무 힘을 많이 주면은?

97 국악인들이 타고 싶어하는 차는?

98 돈이 제일 많은 도시는?

99 간첩이 동물원가면 찾는 새는?

100 질투가 난무하는 학술발표회는?

101 조선 왕 중 늘 술독에 빠져 살았던 왕은?

102 새로운 것을 학습 하자를 다른 말로 하면은?

103 기보배(런던 올림픽 양궁 금메달리스트)가 즐겨 마시는 음료수는?

104 꽃을 주세요를 세 글자로 하면은?

105 염라대왕을 세 글자로 하면은?

106 신발이 가는데 마다 널려 있다를 세 글자로 하면은?

107 소방수 아저씨들이 받는 월급을 다른 말로 하면은?

108 "논바닥을 깊게 파거라"를 세 글자로 하면은?

109 자신의 논을 사러 온 사람에게 농부가 하는 말은?

110 저작권 위반을 한 신체 부위는?

111 조선시대 양반집 외양간에 있었던 소를 세 글자로 하면은?

112 햇빛이 너무 따가워서 신경질이 날 때 하는 말은?

113 신생아가 태어나자마자 반말하는 도시는?

114 청계천을 다른 말로 하면은?

115 타이어가 불평을 하다를 세 글자로 하면은?

116 남의 물건 쓰기를 좋아하는 얌체족이 사는 동네는?

117 C가 강에 빠지면은?

118 무식한 사람들이 모여 살고 있는 곳은?

119 성격이 쌀쌀맞은 사람이 교통사고를 잘 당하는 이유는?

120 해마다 연말이 되면 그림 가격이 올라가는 이유는?

121 흰머리인 사람은 전부 스님이다를 네 글자로 하면은?

122 일본 김밥에서 김이 바닥난 이유는?

123 하인들이 바둑을 두고 있는 장소에 관해서 쓴 허접한 책은?

124 우유가 나이를 먹으면은?

125 무가 하늘에서 떨어지다를 세 글자로 하면은?

126 빈혈이 위험한 이유는?

127 장이 튼튼한 사람은?

128 명품을 건네주면서 하는 말

129 국회의원들이 좋아하는 고기 부위는?

130 장비가 처음으로 댓글을 달면?

131 접힌 곳을 때릴께를 네 글자로 하면은?

132 논에 있는 벼를 보라 두 글자로?

133 국수를 나누어서 파는 곳은?

134 성형하면서 연예인 코를 선택할 때 하는 말은?

135 오직 옷감만 태운다를 세 글자로 하면은?

136 세 살짜리가 저럴 수가 있나!를 네 글자로 하면은?

137 삼성 이건희 회장의 상반기 경영성적은?

138 졸업생 중에서 전교 1등 학생이 삼성에 낙방한 이유는?

139 좋은 일본사람을 영어로 하면은?

140 못된 짓을 한 쥐가 가야 하는 교도소는?

141 심청이가 키웠던 개 이름은?

142 문서를 파헤치는 데 사용된 도끼를 다른 말로 하면은?

143 매트를 가지고 장난치다를 네 글자로 하면은?

144 담배 골초들이 좋아하는 음식점은?

145 악마가 싫어하는 새?

146 부동산투기가 심한 닭은?

147 지하철을 기다리는 사람과 군인의 공통점은?

148 시간을 압박하고 있는 사람은?

149 꽃가게가 뭐 하는 곳인지를 잘 아는 꽃은?

150 동내 개들 사이에서 가장 인기 있는 대학은?

151 바위에 반말을 하면은?

152 공룡이 멸종된 이유는?

153 미국인이 사하라 사막에 오면은?

154 쌀 두 톨 사이의 거리를 뭐라고 할까요?

155 육군이 구입한 탱크가 6일 만에 고장 난 이유는?

156 제주도가 잠든 적이 있다를 다른 말로 하면은?

157 반짝반짝을 다른 말로 하면은?

158 생선이 이빨이 없는 이유는?

159 책이 드문드문 있는 곳은?

160 저격수가 가슴만 골라 쏘면은?

161 애들은 전부 박 씨밖에 없네!를 영어로 하면은?

162 가수 싸이가 불교 신도인 이유는?

163 책이 수면제다를 세 글자로 하면은?

164 식용오리를 영어로 하면은?

165 권 씨 여자가 임신하다를 다른 말로 하면은?

166 비틀비틀을 다른 말로 하면은?

167 다이어트 중인 우리 엄마가 제일 부러워하는 사람은?

168 곤충학으로 가장 유명한 대학은?

169 지구상에서 낮시간이 제일 긴 나라는?

170 개가 두 발로 걸어 들어가야 하는 문은?

171 발사하면 미국까지 나흘 걸리는 무기는?

172 실수로 염산을 마시고 하는 말은?

173 사자가 생일 촛불을 끄면은?

174 소가 책을 읽고 있는 이유는?

175 오리가 지나온 흔적은?

176 성적이 B로 시작했다가 D로 끝나면은?

177 가장 빠른 채소는?

178 한국 역사상 규모가 가장 컸던 부동산 투기 프로젝트는?

179 바둑을 면도날처럼 예리하게 두는 사람을 세 글자로 하면은?

세대간 장벽을 허무는 와글와글 아재개그

180 무리수를 영어로 하면은?

181 새우가 야구하면은?

182 콩을 세어보자를 세 글자로 하면은?

183 어미 벌이 새끼 벌에게 먹이를 주면서 하는 말은?

184 할머니가 왕이 되면은?

185 소주가 살고 있는 곳은?

186 세종대왕이 비행기를 타면은?

187 프랑스 수도인 파리를 다 사버릴 수 있는 방법은?

188 마틴 루터가 자신의 이름을 별로 아는 사람들이 없어서 스스로
   자신을 밝혀야 했던 곳은?

189 9와 6이 항상 싸우는 곳은?

190 시를 대표하는 시장을 함부로 대하는 곳은?

191 도망 다니고 있는 사람이 제일 싫어하는 들판은?

192 국물이 뒤로 가면은?

193 치과의사들이 좋아하는 종족은?

194 축구 선수 메시가 도핑테스트를 통과한 이유는?

195 항상 1등만 하려고 몸부림 치다를 두 글자로 하면은?

196 대포가 도망가면은?

197 돌이 엄청 무겁다를 세 글자로 하면은?

198 하루에 세 끼까지만 먹을 수 있는 도시는?

199 평생 대학만 다니고 있는 형을 세 글자로?

200 총이 두꺼우면은?

201 학과 공주가 서로 싸우면은?

202 모든 병을 한 번에 고칠 수 있는 의술은?

203 복부를 때리고 난 뒤에 사망하면은?

204 기름과 청바지를 합하면은?

205 세상에서 제일 더러운 총은?

206 프랑스가 국제무대에서 돋보인다를 세 글자로 하면은?

207 조선시대 여친에 대한 근심이 가장 많았던 인물은?

208 이틀 후에 회사의 대표가 될 사람은?

209 쥐가 열쇠를 마구 때리면은?

210 양반집 아들이 입장할 때 하는 말은?

211 공원이 오래되어 늙은 기분이 들면은?

212 여의사가 쓰는 칼?

213 술고래들이 사는 동네 이름은?

214 업무상 거짓말을 밥 먹듯이 하는 남자를 4글자로 하면은?

215 길면 곤란한 것은?

216 망치다의 반대말은?

217 새는 비를 막을 때 필요한 재료는?

218 독재자들이 싫어하는 나라는?

219 양반 개를 순수한 한국어로 표현하면은?

220 의사들이 좋아하는 시간대는?

221 우주여행시대에 달에 불법체류하는 사람을 검문하다를 3글자로
   하면은?

222 자식이 없는 왕비가 포악한 이유는?

223 김삿갓을 검문할 때 뭐라고 해야 할까?

세대란 장벽을 허무는 월드프 아재개그

224 무임승차를 좋아하는 야구선수는?

225 의문스럽게 죽은 사건이 계속 일어남을 세 글자로 하면은?

226 무덤 2개를 세 글자로 하면은?

227 소매치기가 좋아하는 술은?

228 두 달간의 참외전쟁을 다른 말로?

229 SBS가 작년 말 본사를 서울에서 대전으로 옮긴다고 발표한 방송 프로그램 이름은?

230 머리를 빡빡 깎은 사람만 먹는 라면은?

231 가자미 국으로 성공하고 싶으면?

232 김흥국이 제일 싫어하는 날은?

233 주문한 비빔밥이 나왔을 때 같이 온 미국 친구에게 하는 말은?

234 부도난 집에 가서 해서는 안 될 짓은?

235 지구상에서 자동차 교통이 가장 심하게 막히는 곳은?

236 가장 예의 바른 볼 보이는?

237 밤마다 새끼를 침대에서 큰소리를 지르는 동물은?

238 Candy(과자)는 무슨 화학 물질(원소)로 구성되어 있을까요?

239 가수 비와 가수 싸이가 절대로 서로 만나지 않는 이유는?

240 쌀과 잡곡이 사이좋게 지내면?

241 아줌마가 먼 길을 가면서 묻는 말은?

242 이완용이 좋아하는 요리기구는?

243 개 두 마리 사이는?

244 사육할수록 돈벌이가 안되는 동물은?

245 노크하고 들어간 면접생이 불합격한 이유는?

246 종업원을 부르는 벨이 없는 테이블은?

247 사업이 망한 오리는?

248 그림 속의 허리띠는?

249 고스톱에서 피로 이기면?

250 맞기를 좋아하는 균은?

251 중무장한 짐승은?

252 아래로 가면서 위로 간다고 우기는 것은?

253 탈모를 막을 수 없으면?

254 하루 세끼를 꼭 챙겨 먹는 개

255 내가 무대에 데뷔한 날

256 야구공이 불에 타지 않으면은?

257 무덤에 갈 때가 되면 사람이 순해지는 이유는?

258 게으른 형사에게 권하고 싶은 책은?

259 유치원생이 기상청에 전화하여 에어컨이 몇 대 있느냐고 물었더니
    대답은?

260 소음이 심하게 나는 돌은?

261 세상에서 가장 새로운 갓은?

262 동생 늑대 돌아와를 두 자로 줄이면은?

263 자녀를 엄하게 다스리면은?

264 축구역사상 지금까지 최고로 공을 잘 찬 선수에게 주는 상은?

265 동점인 경우에 다이어트 안 한 학생을 뽑는 대학은?

266 서커스장에서는 박수를 받지만, 증권가에서는 뺨 맞을 짓거리는?

267 전화로 수혈하면은?

268 식인종이 즐겨 쓰는 인사말은?

269 흙이 늙으면?

270 같은 동족을 체포하여 심문하는 곳은?

271 말이 자기소개하면은?

272 얼굴을 때리는 새

273 윷놀이하는 사람들이 제일 부러워하는 직업?

274 전깃줄이 한숨을 쉬면은?

275 군수가 그 문제를 해결하면은?

276 태양이 눈 깔고 고개를 숙이는 곳은?

277 녹슬지 않는 포드차는?

278 새끼리 서로 성씨가 같으면은?

279 초인종이 귀한 나라는?

280 주름살 전문 성형외과의 광고 글

281 시골 오지에서 일하고 있는 직원의 다음 근무지는?

282 월급을 자꾸 달러로 주길래

283 다시는 얼굴 안 본다고 해놓고 또 만나는 회의

284 콩이 이별하면은?

285 은행 금고를 1원도 안 남기고 털면은?

286 C만 받아도 춤을 추는 이유는?

287 우산장수가 싫어하는 캠페인은?

288 도미를 숭상하면은?

289 세상에서 제일 먹고 싶은 탕은?

290 의붓아버지가 싫어하는 것은?

세대간 장벽을 허무는 **와르르 아재개그**

314 아버지가 산 땅이 급격히 하락하자 아버지의 독백

315 바둑두다가 이세돌이 화장실을 가면은?

316 구타가 심한 대학은?

317 경기도에 최근 화재가 자주 발생하는 이유는?

318 공사판에서 제일 싫어하는 새는?

319 모짜르트와 슈베르트가 좋아하는 음료는?

320 축구 경기 중 브라질 선수가 옐로우카드 받고 퇴장당한 이유는?

321 청렴한 선비들이 가지고 있는 돈은?

322 복근과 王자를 보여 주며 하는 말은?

323 대한민국 임시정부의 수장의 성씨는?

324 역사상 고 씨를 무시한 나라는?

325 멍청이는 항구도시 부산으로

326 볼펜을 가득 실은 차

327 빵터지는 개그

328 수건으로 열쇠를 때리면은?

329 돈뭉치가 노출되어 있으면?

330 책만 보면 자는 사람은?

331 세상에서 가장 아름다운 다리는?

332 매일 암기하는 바이러스는?

333 세상에서 제일 뜨거운 파리는?

334 3월에 커플이 많이 생기는 이유는?

335 새를 시켜서 물어뜯게 하면은?

336 광산을 하다가 신세 망친 사람을 3자로 하면은?

337 진짜로 새로운 날의 반대말은?

338 온순한 닭은?

339 1 2 3 5 6 7 8 9

340 철광 광산촌에 아이들이 많은 이유는?

341 수캐의 목걸이를 다른 말로

342 타이완 화폐를 다른 말로

343 연예인 도장을 팔고 다니는 사람

344 볼일을 다 본 10대가 가고 있음을 다른 말로

345 조선 왕 중에서 가장 배가 고팠던 왕은?

346 생수 중에서 가장 미네랄이 풍부한 생수는?

347 총이 축하의 노래를 부르면은?

348 대학입학시험을 가장 많이 친 축구선수는?

349 밤늦게까지 회사원들이 일하면서 치킨을 어떻게 먹니?

350 박하사가 총을 쏘면은?

351 배기장치가 고장나면은?

352 접대를 잘하는 물은?

353 너는 내 것이야를 영어로 하면은?

354 딸아! 잘못적었쟈나!

355 물고기가 스트레스받으면 비가 오지 않는 이유는?

356 머리를 빡빡 깎은 스님이 떠나면은?

357 그 식당에 갈 때마다 TV에 무한도전하고 있으면?

358 세상에 하나밖에 없는 위는?

359 중고등학교 때 창자가 길어지는 이유는?

360 잠그기 쉬운 자물쇠는?

361 태양계에서 부동산 중개업자들이 자주 쓰는 말(언어)

362 노인들이 더 인정이 없는 이유는?

363 C가 가장 좋은 점수라고 우기는 사람들은?

364 마이크만 보면 부드러워지는 것은?

365 성형하면 절대로 안 걸리는 병은?

◇◇◇

신세대에게만 통하는 유머

1 불나비

2 나비부인

3 버거워

4 피노키아

5 MIT

6 비올라

7 탕웨이

8 광주 (공유기(062))

9 유비쿼터스

10 D sea inside

11 배타 테스트

12 토낑 어바우트

13 OPNION=OPㄴ

14 스타박스

15 블라디보스톡

부모세대만 통하는 유머

신세대와 부모세대에
모두 통하는 유머

세대간 장벽을 허무는 **왁르르 아재개그**

66 패잔병

67 190,000

68 마감시간이 다되어서

69 꼭두각시

70 인조잔뒤

71 웃을수

72 산업혁명

73 고대 표준어

74 번지㈜점프

75 옥에티(TEA)

76 우엉우엉

77 피치(Peach) 못할 사정으로

78 재일 재미가 없어서

79 홍씨

80 구닥다리

81 모두 살피자

82 반나절

83 전갈자리

84 간이식당

85 도끼가 있음

86 jinsoo's family name is Chan

87 우물주물

88 도란도란

세대간 장벽을 허무는 **와르르 아재개그**

세대간 장벽을 허무는 와르르 **아재개그**

세대간 장벽을 허무는 **알토란 아재개그**

세대간 장벽을 허무는 왁드모 아재개그

세대간 장벽을 허무는

와르르 아재개그

초판 1쇄	2017년 09월 20일
6쇄	2023년 02월 23일

지은이	김동일
발행인	김재홍
디자인	이유정, 이슬기
교정·교열	김진섭
마케팅	이연실

발행처	도서출판 지식공감
등록번호	제2019-000164호
주소	서울특별시 영등포구 경인로82길 3-4 센터플러스 1117호 (문래동1가)
전화	02-3141-2700
팩스	02-322-3089
홈페이지	www.bookdaum.com
이메일	jisikwon@naver.com

가격	15,000원
ISBN	979-11-5622-310-8 03190

CIP제어번호	CIP2017023036
	이 도서의 국립중앙도서관 출판예정도서목록(CIP)은 서지정보유통지원 시스템 홈페이지(http://seoji.nl.go.kr)와 국가자료공동목록시스템(http://www.nl.go.kr/kolisnet)에서 이용하실 수 있습니다.